Mein Lesetagebuch Lapbook

Doreen Blumhagen

Kopiervorlagen zum Schneiden, Falten und Weitergestalten

Verlag an der Ruhr

Impressum

Titel

Mein Lesetagebuch-Lapbook

Kopiervorlagen zum Schneiden, Falten und Weitergestalten

Autorin

Doreen Blumhagen

Umschlagmotiv

Gestaltung der Lapbooks: Doreen Blumhagen

Verwendete Illustrationen: © Anja Boretzki, © Petra Lefin

Druck

Heenemann GmbH & Co. KG, Berlin, DE

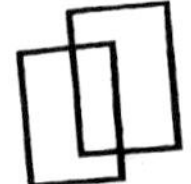

Verlag an der Ruhr

Mülheim an der Ruhr

www.verlagruhr.de

Geeignet für die Klassen 2–4

ISBN 978-3-8346-3695-9

Inhalt

Kopiervorlagen

Allgemeine Vorlagen

Faltvorlagen – vor dem Lesen

Faltvorlagen – während des Lesens

Faltvorlagen – nach dem Lesen

Leere Faltvorlage

Methodische und didaktische Hinweise

Wie entstanden Lapbooks?

Die ersten Lapbooks entstanden in der amerikanischen Homeschool-Bewegung. Dabei handelt es sich um eine besonders motivierende Möglichkeit für Schüler*, ihre Lern- und Arbeitsergebnisse zu einem Thema zu dokumentieren und zu präsentieren. Die Bezeichnung „Lapbook" bedeutet, dass die Mappe nur so groß ist, dass sie auf dem Schoß (engl. lap) des Schülers Platz hat.

Was ist ein Lapbook?

Lapbooks sind individuelle Portfolios, die selbstständig von den Schülern erarbeitet werden. Es sind mehrmals aufklappbare Entdeckermappen, die viele verschiedene Minibücher mit Informationen zu einem Gesamtthema enthalten. Das Besondere daran ist, dass diese Minibücher z. B. zuerst aufgeklappt, gedreht oder durchgeblättert werden müssen, um die Informationen lesen zu können, wodurch die Neugier beim Lesenden geweckt wird. Solche Minibücher können z. B. kleine Hefte, Drehscheiben, Pop-Up-Karten, Umschläge, Leporellos oder Faltbücher sein.

Diese werden von den Schülern selbstständig bastelnd, malend und schreibend zu den Teilthemen gestaltet. Dabei kann es sich z. B. um Zeichnungen, Geschichten, Diagramme, Grafiken, Landkarten oder Steckbriefe handeln.

Die fertigen Minibücher werden von den Schülern gesammelt und auf einen Tonkarton, meist in der Größe DIN A3, geklebt. Der Tonkarton selbst wird auf DIN-A4-Größe gefaltet. Auf diese Weise entsteht ein großes Buch mit vielen kleinen Büchern.

* Aus Gründen der besseren Lesbarkeit haben wir in diesem Buch durchgehend die männliche Form verwendet. Natürlich sind damit auch immer Frauen und Mädchen gemeint, also Lehrerinnen, Schülerinnen etc.

Wie kann ein Lapbook im Unterricht eingesetzt werden?

Thematisch können Lapbooks zu allen Sachthemen des Grundschulunterrichts angefertigt werden, bei denen Schüler selbstständig Informationen sammeln, erarbeiten und dokumentieren. Die Erarbeitung von Lapbooks ist leicht in die Werkstatt- oder Wochenplanarbeit integrierbar und kann fächerübergreifend eingesetzt werden.

Aber auch im lehrerzentrierten Unterricht können Lapbooks eine Bereicherung sein, indem in jeder Unterrichtsstunde einer Lerneinheit ein Minibuch zu einem Teilthema erstellt wird.

Was sind die Vorteile eines Lapbooks?

Durch die optische Besonderheit und den Bastelaspekt ist die Erstellung eines Lapbooks für die Schüler sehr **motivierend**, da sie die Möglichkeit haben, etwas Einzigartiges und Individuelles zu gestalten.

Die Schüler arbeiten **selbstständig** und setzen sich **vertieft** mit einem Thema auseinander.

Lapbooks ermöglichen es, Themen **differenziert und individuell** zu erarbeiten. So können leicht unterschiedliche Schwierigkeitsgrade durch Impulse und Aufgabenstellungen gesteuert werden. Die Schüler haben die Möglichkeit, Teilthemen auszuwählen und auf verschiedene Art und Weise zu präsentieren. Sie können leicht eigene Ideen einbringen.

Die Erstellung eines Lapbooks kann in **Einzel-, Partner- oder Gruppenarbeit** erfolgen und eignet sich dadurch auch für den **inklusiven Unterricht**.

Bei der Präsentation eines Lapbooks wird aufgrund des interaktiven Aspekts die **Neugier** bei dem Betrachter geweckt, immer wieder etwas Neues zu entdecken.

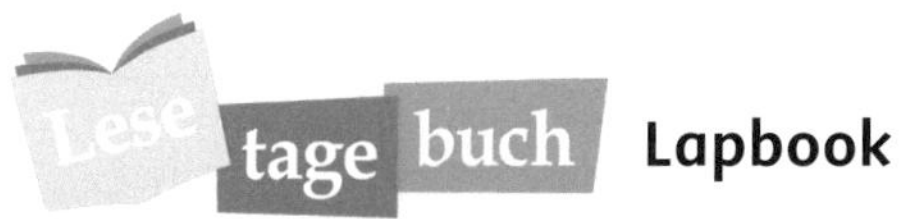

Lapbooks sind nach der Erarbeitung auch ideal zum **Lernen und Wiederholen** von Inhalten. Die Lösungen sind durch die Klappen zunächst abgedeckt. Die Schüler nennen die Lösungen und können diese eigenständig durch das Öffnen überprüfen.

Durch die Minibücher können **viele Informationen** zu einem Thema **auf wenig Platz** präsentiert werden. Das Lapbook wird auf DIN-A4-Größe gefaltet und passt, im Gegensatz zu einem herkömmlichen Plakat, in jeden Hefter. Als praktikabel hat sich die Aufbewahrung in einer Prospekthülle erwiesen.

Welches Material wird für die Gestaltung eines Lapbooks benötigt?

Zum Start benötigt jeder Schüler einen farbigen DIN-A3-Karton, der als Umschlag des Lapbooks auf DIN-A4-Größe gefaltet wird. Je nach Umfang der Arbeitsergebnisse kann dieser Umschlag während der Gestaltung des Lapbooks leicht durch einen zusätzlichen DIN-A3-Karton oder Einzelklappen für weitere Minibücher erweitert werden.

Für die Gestaltung der Minibücher eignen sich verschiedene Faltvorlagen in DIN A4, die kopiert und den Schülern zur Verfügung gestellt werden können. Die Schüler haben jedoch auch die Möglichkeit, eigene Minibücher zu entwerfen. Für die Gestaltung der meisten Faltvorlagen benötigen die Schüler Kleber, Schere sowie Bunt- und Schreibstifte. Für Drehelemente werden außerdem oft Musterklammern eingesetzt. Es bietet sich zudem an, ein Heftgerät zur Verfügung zu stellen.

Was muss für die Gestaltung eines Lapbooks vorbereitet werden?

Für die selbstständige Erarbeitung der Inhalte benötigen die Schüler Sachtexte, Lexika, Bilder usw. zu ihrem Thema. Zum Sammeln dieser Informationen sollten die Schüler ca. zwei Wochen Zeit bekommen. Hierzu bietet sich auch eine Einheit zur Recherche im PC-Raum an. Die anschließende Erarbeitung im Lapbook sollte durch Impulse gesteuert werden, jedoch genug Freiraum für eigene Ideen bieten.

Um den Schülern die Erstellung der Minibücher zu erleichtern, bietet es sich an, alle Vorlagen vorzubasteln und ihnen als Anschauungsbeispiel (ohne Inhalt) zur Verfügung zu stellen. Diese können auf einem Plakat oder in mehreren Lapbooks zentral im Klassenzimmer bereitgestellt werden.

Wie können Lapbooks präsentiert werden?

Aufgrund des interaktiven und entdeckenden Prinzips eines Lapbooks bietet sich die **mündliche Präsentation vor der Gesamtklasse** als Vortrag in einem Sitzkreis an. Idealer ist es, wenn sich die Schüler ihre Lapbooks in Partner- oder Kleingruppenarbeit vorstellen und „ausprobieren" können. Dazu klappen sie die Elemente auf und betrachten sie. Dabei ist es möglich, Fragen an den Schüler zu stellen, der das Lapbook erarbeitet hat.

Es ist auch möglich, die Arbeitsergebnisse in einem **Museumsrundgang** auszustellen und zu präsentieren. Dazu werden die Lapbooks auf Tischen ausgelegt, die möglichst weit voneinander entfernt stehen. Auf diese Weise wird der Klassenraum zum Museum, das besichtigt wird. Anschließend bieten sich zwei verschiedene Präsentationsformen an:

1) Um das persönliche, entdeckende Lernen zu fördern, sehen sich die Schüler die Lapbooks in **Einzel- oder Partnerarbeit** an und wechseln nach einer vorgegebenen Zeit die Tische.
2) Wurde zuvor in Gruppen gearbeitet, ist es möglich, dass die einzelnen Lapbooks durch „Experten" in **Kleingruppen** präsentiert werden. Die Gruppen werden neu gemischt und so zusammengestellt, dass niemand innerhalb der Gruppe vorher zusammengearbeitet hat. Die Gruppe wandert nun von Tisch zu Tisch, um sich die Lapbooks anzuschauen. Der jeweilige Schüler, der daran mitgearbeitet hat, präsentiert als Experte den Inhalt des Lapbooks.

Wie können Lapbooks bewertet werden?

Ein Lapbook kann zum einen nur als Leistungsdokumentation des Lernstandes und der individuellen Entwicklung eingesetzt werden. Zum anderen ist jedoch auch möglich, es bewusst als Instrument für eine Leistungsbewertung zu wählen.

Da das Gestalten eines Lapbooks Zeit in Anspruch nimmt, sollte dieses sowohl prozess- als auch ergebnisorientiert bewertet werden. Wichtig ist, dass die Kriterien für die Bewertung vorher genau festgelegt und transparent erklärt werden. Folgende Kriterien bieten sich an:

◎ Arbeitsverhalten

Die Erarbeitung eines Lapbooks geht prozessorientiert in die Bewertung ein. Hier spielen folgende Faktoren eine Rolle: Motivation, Selbstständigkeit, planvolles Vorgehen sowie konzentriertes und ausdauerndes Arbeiten.

◎ Gestaltung

Für eine ansprechende Gestaltung des Lapbooks ist es wichtig, dass die einzelnen Elemente sauber ausgeschnitten, gefaltet, geklebt, ausgemalt und beschrieben wurden. Im Fach Deutsch kann die Rechtschreibung einbezogen werden. Für das entdeckende Lernen sollten verschiedene Formate von Minibüchern ausgewählt und übersichtlich angeordnet sein, um bei dem Betrachter Neugier zu wecken. Eine besonders gute Gestaltung zeichnet sich durch eigene Bilder und das Einbringen eigener Ideen aus.

◎ Inhalt

Unabhängig vom jeweiligen Thema ist es wichtig, dass die Schüler den Inhalt vollständig, sinnvoll und richtig darstellen. Je nach Freiheit bei der Auswahl der Themen kann gefordertes Fachwissen mit Punkten versehen werden oder es können Punkte auf die allgemeine Richtigkeit des Themas gegeben werden. Wichtig ist, dass das Lapbook beim Leser einen Wissenszuwachs erreicht und nicht nur Allgemeinwissen dargestellt wird. Wenn eigene Meinungen gefordert werden, sollte auch die Art und Weise der Begründung in die Bewertung eingehen. Eine besonders gute inhaltliche Erarbeitung zeichnet sich durch das Einbringen eigener Ideen aus.

◎ Präsentation

Bei einer mündlichen Präsentation des Lapbooks vor der Klasse gelten die gleichen Kriterien wie bei einem Kurzvortrag. Hierzu zählen z. B. der sinnvolle Aufbau und die Anschaulichkeit durch Erklärungen und Beispiele. Auch die sprachliche Gestaltung, freies Sprechen, das Sprechen in ganzen Sätzen, Blickkontakt und die Körperhaltung sollten hier bewertet werden. Das Beantworten der Fragen von Mitschülern kann ebenfalls einbezogen werden.

Wenn statt einer mündlichen Präsentation eine Ausstellung (z. B. Museumsgang) gewählt wird, kann die Bewertung auch durch Klebepunkte erfolgen. Dabei können die Schüler für jedes Lapbook höchstens drei Klebepunkte für die Gestaltung, den Inhalt und den Gesamteindruck vergeben.

◎ Selbstreflexion

Für die umfassende Bewertung und reflexive Auseinandersetzung mit den Arbeitsergebnissen sollte auch die Selbstreflexion der Schüler einbezogen werden. Durch diese dokumentieren die Schüler, inwieweit sie in der Lage sind, ihren Lernprozess wahrzunehmen. Sie erhalten dabei die Möglichkeit, Bewährtes bei neuen Projekten wieder einzubringen, sich durch das Einsehen von Fehlern weiterzuentwickeln und sich eigene Ziele zu setzen.

◎ Besondere Leistungen

Besondere Ideen im Inhalt, der Gestaltung und der Präsentation, aber auch besondere Leistungen im Arbeitsverhalten (z. B. anderen ohne Aufforderung zu helfen), können ebenfalls in die Bewertung einfließen und mit Zusatzpunkten positiv gewertet werden.

Hinweise zum Einsatz des Lesetagebuch-Lapbooks

Dokumentation des Leseprozesses

Mithilfe des Materials erstellen die Schüler ein individuelles Lapbook über ein gelesenes Buch. Dabei kann es sich um ein selbst gewähltes Buch oder eine gemeinsam gelesene Klassenlektüre handeln.

Das Lese-Lapbook ist eine persönliche Dokumentation, die von den Schülern parallel zum Leseprozess gestaltet wird. Es regt zum selbstständigen und verstehenden Lesen an. Die Schüler sollen den Inhalt des Buches erfassen und ihre Leseerfahrungen, Gedanken und Deutungen reflektieren, indem sie Bilder, Fragen und Ideen festhalten.

Um diesen Prozess zu erleichtern, stehen den Schülern für die Gestaltung ihres Lapbooks **38 verschiedene Faltvorlagen** mit thematischen Impulsen zur Verfügung, aus denen sie auswählen können. Dabei wird das Lesen durch Schreiben, Malen, Sammeln, Recherchieren und Gestalten unterstützt.

Durch die motivierende Form der Präsentation als Lapbook werden die Inhalte optisch aufgewertet und dabei die Lesemotivation und Lesekompetenz der Schüler gefördert.

Zur Verwendung der Kopiervorlagen

Auf den Kopiervorlagen für die Minibücher finden die Schüler sowohl **thematische Impulse** als auch die **Faltanleitungen**.

Die Impulse sind für drei Lesephasen aufbereitet:

- **Vor dem Lesen** halten die Schüler allgemeine Informationen über ihr Buch fest, äußern spontane Gedanken oder stellen Fragen an den Text. Sie aktivieren ihr Vorwissen zum Thema und suchen Informationen zum Autor.
- **Während des Lesens** verschaffen sich die Schüler einen Überblick über Handlung, Orte und Figuren und deuten diese.
- **Nach dem Lesen** reflektieren die Schüler ihren Leseprozess, bewerten den gelesenen Text und sprechen Empfehlungen aus.

Für jede der Lesephasen gibt es Angebote mit verschiedenen **Anforderungsniveaus**. Diese beziehen sich auf die Lesekompetenzstufen.

- **Anforderungsniveau 1:** Die Schüler arbeiten eng am Text, es gibt Abschreib- und Wissensaufgaben zum Inhalt.
- **Anforderungsniveau 2:** Textstellen, Bilder, Handlungen und Gefühle der Figuren werden gedeutet und bewertet. Die Schüler spüren dem Gelesenen nach und wechseln die Perspektiven.
- **Anforderungsniveau 3:** Die Schüler bewerten und kommentieren das Gelesene. Sie recherchieren, schreiben und gestalten eigene Beiträge.

Die Lesephasen und Anforderungsniveaus sind in der Gesamtübersicht und auf den jeweiligen Kopiervorlagen ausgewiesen.

Aufgrund der Vielfalt der Kopiervorlagen ist es möglich, eine Vorauswahl zu treffen und den Schülern **Pflicht- und Wahlangebote** innerhalb der Lesephasen vorzugeben. Außerdem stehen den Schülern **zwei leere Faltvorlagen** zur Verfügung, mit denen sie **eigene Ideen** umsetzen können.

Informationskästen auf den Kopiervorlagen führen in die Textarbeit mit einer Ganzschrift ein und vermitteln wichtige **Begriffe des Literaturunterrichts**.

Für die Gestaltung eines Lapbooks aus einem DIN-A3-Karton sind etwa acht Minibücher notwendig. Diese Anzahl sollten Sie als Minimum vorgeben. Als Aufteilung empfiehlt sich: zwei Minibücher „Vor dem Lesen" (linke Klappe), vier Minibücher „Während des Lesens" (Mitte Lapbook), zwei Minibücher „Nach dem Lesen" (rechte Klappe).

Benötigtes Zusatzmaterial

Jeder Schüler benötigt ein eigenes Buch, das mithilfe des Lapbooks präsentiert wird.

Für einzelne Vorlagen wird Zusatzmaterial benötigt. Dieses wird in der folgenden Gesamtübersicht der Angebote aufgeführt.

Tipps und Tricks aus der Lapbook-Praxis

Löcher ohne Verletzungen:
Löcher für die Musterklammern können die Schüler ggf. auch mit einem Locher vorbereiten.

Einfache Aufbewahrung:
Die Lapbooks können im Hefter leicht in einer Klarsichthülle aufbewahrt werden.

Wenn das Lapbook voll ist:
Zusätzliche Klappen werden am besten mit Klebeband an der Rückseite befestigt. So halten sie länger. Bei einem sehr umfangreichen Thema kann auch ein zweites Lapbook angeklebt werden.

Auswahl leicht gemacht:
Für die bessere Orientierung können Sie drei schmale Ordner vorbereiten: „Vor dem Lesen", „Während des Lesens", „Nach dem Lesen".

Logistisches Kopieren:
Stellen Sie den Schülern die Faltvorlagen in Prospekthüllen zur Verfügung, jede Kopiervorlage am besten mit mind. 15 Kopien. Legen Sie als letzte Seite eine Kopiervorlage auf gelbem Papier bei. Ist nur noch diese in der Prospekthülle, darf sie nicht verwendet werden und die Schüler geben Ihnen Bescheid. Bis zur nächsten Stunde kopieren Sie dann wieder 15 Kopien nach.

Aufgabenstellungen optisch einordnen:
Die Faltvorlagen dieses Bandes sind so formatiert, dass alle Faltanleitungen normal und alle inhaltlichen Aufgabenstellungen fett dargestellt sind. Dies erleichtert die Orientierung.

Basteln erleichtern:
Schülern mit schwacher Lesekompetenz fällt es oft schwer, die Faltanleitungen zu verstehen. Basteln Sie alle Minibücher vor und gestalten Sie damit ein Lapbook, das Sie zentral im Klassenzimmer auslegen. Alternativ können Sie auch eine Minibücherkartei vorbereiten. Kleben Sie jedes Minibuch auf einen DIN-A5-Tonkarton. Bei Bedarf holen die Schüler sich die Karteikarte.

Schön verteilt:
Einigen Schülern fällt es schwer, die Minibücher ansprechend im Lapbook zu verteilen. Geben Sie hier vor, dass die Kinder in die beiden Seitenklappen mind. zwei und in die Mitte mind. vier Minibücher kleben. Für das Lesetagebuch-Lapbook bietet es sich an, jeweils eine Phase des Leseprozesses auf einer Klappe anzuordnen. Die meisten Vorlagen sind so gestaltet, dass sie in die Seitenklappen passen.

Die Minibücher können auch erst gesammelt und am Schluss aufgeklebt werden.

Schreiben auf Linien:
Die Minibücher haben keine Lineaturen. Vor allem bei umfangreicheren Schreibaufgaben können Sie den Schülern die entsprechenden Lineaturen als Kopie zur Verfügung stellen. Diese werden auf die Minibücher geklebt und beschrieben.

Differenzierung ohne Aufwand:
Legen Sie eine Mindestanzahl von Minibüchern fest, die alle Schüler bearbeiten sollen. Diese füllen ein Lapbook ansprechend aus. Alle Vorlagen sind für jede Klassenstufe geeignet. Legen Sie fest, wie intensiv die Schüler die Aufgaben in den einzelnen Klassenstufen bearbeiten sollen.

Einheitliche Zitate:
Geben Sie vor, dass die Schüler Zitate aus dem Buch immer mit einer Textfarbe schreiben. Dies hilft, die Zitate und die eigenen Texte später auseinanderzuhalten.

Kreativität fördern:
Stellen Sie den Schülern die leeren Faltvorlagen zur Verfügung. Oft haben sie noch eigene Ideen zu ihrem Buch und kreieren auch gern eigene Faltbücher.

Übersicht der Kopiervorlagen

Allgemeine Vorlagen

Material	Beschreibung	Verwendungsmöglichkeiten	Benötigtes Zusatzmaterial
Symbole (S. 16)	Erklärung der Symbole auf den Kopiervorlagen	✔ Aushang im Klassenzimmer ✔ Erklärung zu Beginn der Arbeit	
Faltanleitung Lapbook (S. 17)	Anleitung zum Falten eines einfachen Umschlages für ein Lapbook	✔ Kopien für die Schülerhand ✔ gemeinsames Falten beim erstmaligen Gestalten eines Lapbooks	für jeden Schüler: → ein farbiger DIN-A3-Karton → ein farbiges DIN-A4-Blatt
Deckblatt (S. 18)	Vorlagen für das Deckblatt mit Titel, Namen, Klasse, Fach und Datum	✔ Kopien für die Schülerhand ✔ Vorlage als Beispiel ✔ nur Vorgabe der Rahmendaten, sonst freie Gestaltung durch die Schüler	
So ist mein Lesetagebuch-Lapbook (S. 19)	Einschätzung ihres eigenen Lernprozesses durch die Schüler während der Erstellung des Lapbooks	✔ Einzelarbeit nach Fertigstellung des Lapbooks	
Bewertung deines Lesetagebuch-Lapbooks (S. 20)	Bewertungsbogen mit vorgegebenem Kriterienraster zur prozess- und ergebnisorientierten Bewertung	✔ Beobachtung des Lernverhaltens ✔ Einschätzung des Lapbooks, der Selbstreflexion und der mündlichen Präsentation	

Faltvorlagen – vor dem Lesen

Faltvorlage	Beschreibung	Inhaltliche Schwerpunkte	Zusatzmaterial (Lehrer)
Anforderungsniveau 1:			
Der Klappentext (S. 21)	Flügeltür zum Öffnen	✔ Textform und Bedeutung des Klappentextes kennenlernen ✔ Klappentext auf dem eigenen Buch finden und sauber abschreiben	
Buch-Steckbrief (S. 22)	Tasche mit Fenstern und passender Karte zum Einstecken	✔ einen ersten Eindruck vom Buch erhalten ✔ Informationen von der Titelseite und aus dem Inhaltsverzeichnis entnehmen (Titel, Autor, Illustrator, Verlag, Kapitelanzahl, Seitenanzahl)	
Kapitelverzeichnis (S. 23)	Leporello mit neun Sechsecken	✔ Begriff „Kapitel" kennenlernen ✔ Kapitelüberschriften im Buch finden und abschreiben	
Anforderungsniveau 2:			
Das Titelbild (S. 24)	Dreifach-Klappe	✔ Personen, Tiere, Gegenstände und Hintergrund auf dem Titelbild beschreiben ✔ Buch-Cover abzeichnen ✔ anhand des Titelbildes eine mögliche Geschichte schreiben	
Der Titel (S. 25)	Gedankenblase zum Aufklappen	✔ Vermutungen über den Inhalt des Buches anhand des Titels formulieren	
Anforderungsniveau 3:			
Autoren-Steckbrief (S. 26)	Stufenbuch mit sieben Seiten	✔ über den Autor in Lexika und im Internet recherchieren (evtl. als Hausaufgabe) ✔ einen Steckbrief ausfüllen (Name, Lebensdaten, Familie und Kinder, wichtige Lebensstationen, weitere Bücher, Porträt)	→ PC mit Internetanschluss bzw. Lexika → Heftgerät
Erste Gedanken (S. 27)	drei einfache Klappen	✔ Buchauswahl begründen ✔ individuelles Ziel für das Lesen des Buches festlegen	

Faltvorlagen – während des Lesens

Faltvorlage	Beschreibung	Inhaltliche Schwerpunkte	Zusatzmaterial (Lehrer)
Anforderungsniveau 1:			
Meine Lesezeit (S. 28)	Einfache Klappe	✔ benötigte Lesezeit für die Ganzschrift einschätzen ✔ Protokoll über die Lesezeit führen (Datum, Seitenzahlen, benötigte Minuten) ✔ Gesamtlesezeit ausrechnen	
Personen-verzeichnis (S. 29)	Fächer mit zehn Rechtecken	✔ Personenverzeichnis anlegen ✔ Namen und Rollen der Figuren notieren ✔ Haupt- und Nebenfiguren farblich kennzeichnen	Musterklammern
Wortschätze (S. 30)	achtteiliger Drehkreis	✔ für die Wortwahl sensibilisieren ✔ Erweiterung des Wortschatzes ✔ Textstellen mit Angabe der Seitenzahl belegen	Musterklammern
Wortarten-Detektiv (S. 31)	dreifaches Register	✔ Substantive, Verben, Adjektive in einem Kapitel erkennen	Heftgerät
Ein interessantes Gespräch (S. 32)	Treppen-Leporello	✔ sprechende Figuren in einem Dialog abgrenzen und abschreiben ✔ Begleitsätze bestimmen ✔ Wortschatzerweiterung im Wortfeld „sagen" ✔ Zeichen der direkten Rede setzen	
Anforderungsniveau 2:			
Bedeutungs-wörterbuch (S. 33/34)	kleines Acht-Seiten-Faltbuch	✔ unbekannte Wörter während des Lesens in eine ABC-Ordnung sortieren und notieren ✔ Bedeutung in verschiedenen Medien recherchieren und aufschreiben	→ Lexika → Bedeutungs-wörterbuch → Wörterbuch → PC mit Internet-anschluss
Besondere Textstellen (S. 35/36)	Aufklappbare Schatztruhe mit drei Einlegekarten als Fächer	✔ traurige, lustige und spannende Textstellen auswählen und Auswahl begründen ✔ Textstellen abschreiben ✔ richtiges Zitieren mit Anführungszeichen und Angabe der Seitenzahl	

Faltvorlage	Beschreibung	Inhaltliche Schwerpunkte	Zusatzmaterial (Lehrer)
Comic-Zeichner (S. 37)	großes Acht-Seiten Buch	✔ Textstelle auswählen und einen Comic dazu zeichnen ✔ passende Bilder entwerfen ✔ Sprech- und Gedankenblasen mit passenden Dialogen beschriften ✔ Überschrift überlegen und gestalten	
Die Hauptfigur (S. 38)	doppeltes Flip-Flap	✔ wichtige Textstellen zur Hauptfigur im Buch markieren ✔ Eigenschaften, Aussehen und Lebensumstände der Hauptfigur notieren ✔ mithilfe der gesammelten Informationen ein Bild der Hauptfigur zeichnen	
Nacherzählung (S. 39/40)	Jeanstasche mit neun Einlegekarten	✔ Inhalt eines jeden Kapitels in maximal fünf Stichwörtern zusammenfassen ✔ Geschichte mithilfe von Stichwörtern frei nacherzählen	
Anforderungsniveau 3:			
Kapitelbriefchen (S. 41)	zwei Streichholzbriefe	✔ Inhalt eines Kapitels in maximal fünf Sätzen mithilfe der W-Fragen zusammenfassen ✔ Kapitelüberschrift schreiben ✔ passendes Bild zum Inhalt des Kapitels gestalten	
Ich im Buch (S. 42)	Schriftrolle mit Halterung	✔ in eine Figur einfühlen ✔ Erlebtes, Gedanken, Gefühle und Wünsche für die Figur formulieren	
Fragen über Fragen (S. 43)	Fragezeichen-Fächer	✔ während des Lesens Fragen entwickeln ✔ gefundene Antworten notieren und reflektieren	Musterklammern
Meine Lesegedanken (S. 44)	Wolkenbuch mit neun Seiten	✔ nach jedem Kapitel eigene Gedanken und Gefühle zum Gelesenen reflektieren und formulieren ✔ Gefühle mit verschiedenen Adjektiven beschreiben	Heftgerät

Faltvorlagen – nach dem Lesen

Faltvorlage	Beschreibung	Inhaltliche Schwerpunkte	Zusatzmaterial (Lehrer)
Anforderungsniveau 1:			
Meine Buchempfehlung (S. 45)	Flip-Flap mit acht Klappen	✔ Buch anhand vorgegebener Kriterien einschätzen und Entscheidung begründen	
Mein Buch-ABC (S. 46)	Schmetterlings-Flip-Flap	✔ passende Stichwörter zum Inhalt des Buches finden ✔ ABC-Text gestalten	
Mein/e Lieblings... (S. 47)	Herz-Flip-Flap	✔ zu vorgegebenen Oberbegriffen Vorlieben im Buch reflektieren ✔ eigene Oberbegriffe finden und passende Beispiele ergänzen	
Anforderungsniveau 2:			
Lesequiz (S. 48)	Einstecktasche mit sechs Karten	✔ Fragen zum Inhalt des Buches formulieren ✔ richtige und falsche Antwortmöglichkeiten notieren	
Figurenvergleich (S. 49)	Flip-Flap mit drei Klappen	✔ Eigenschaften einer Figur aus dem Buch mit der eigenen Person vergleichen (Gemeinsamkeiten und Unterschiede)	
Text-Zauberei (S. 50)	doppelte Flügelklappe	✔ Textstelle mit Seitenangabe abschreiben ✔ Handlungsalternativen überlegen ✔ Handlung in einer Textstelle verändern und gestalten	
Mini-Stabfiguren-theater (S. 51/52)	sechs Figurenvorlagen und eine aufklappbare Theaterbühne	✔ Figuren und Handlungsort passend zu einer Textstelle gestalten ✔ Textstelle nachspielen ✔ mögliche Dialoge ausdenken	Zahnstocher
Mein Lieblingsbild (S. 53)	Bilderrahmenklappe	✔ Lieblingsbild im Buch auswählen ✔ Bild genau abzeichnen, abpausen oder kopieren und ausmalen ✔ Bild genau beschreiben ✔ Bildauswahl begründen	
Ein besonderer Ort (S. 54)	Faltstern	✔ besonderen Ort aus dem Buch auswählen ✔ Ort genau nachzeichnen ✔ mit Textstellen und Seitenangaben belegen ✔ Auswahl begründen	

Faltvorlage	Beschreibung	Inhaltliche Schwerpunkte	Zusatzmaterial (Lehrer)
Anforderungsniveau 3:			
Brief an den Autor (S. 55)	Briefumschlag	✔ Aufbau eines Briefes anwenden ✔ Fragen an den Autor formulieren	Schreibblatt DIN A5
Wie geht es weiter? (S. 56)	Falt-Sechseck	✔ möglichen Fortgang des Buches als Text formulieren ✔ passende Kapitelüberschrift finden ✔ Kapitel illustrieren	
Buchkritik (S. 57)	zwei Hände	✔ Buchkritik formulieren ✔ Begründung mit Beispielen formulieren	
Bücherpost (S. 58)	Briefkasten mit Postkarte zum Einstecken	✔ Postkarte mit Adresse, Anrede und Absender ausfüllen ✔ Kurzvorstellung des Buches für einen Freund schreiben (Titel, Autor, Verlag, Inhalt, Buchempfehlung)	→ bunter Tonkarton → evtl. Schreibblatt zum Aufkleben
Meine Lesestimmung (S. 59)	doppelte Flügeltür mit Schlüssellöchern	✔ Gefühle während des Leseprozesses reflektieren, deuten und begründen	
Schlussgedanken (S. 60)	einfache Formen zum Ankleben	✔ Bedeutung des Textes für sich selbst und die eigene Zukunft reflektieren	
Sachthema recherchieren (S. 61)	Kreuzbuch	✔ über ein Sachthema aus dem Buch recherchieren ✔ wichtige Ergebnisse in Sätzen formulieren ✔ passende Bilder zeichnen bzw. Fotos einkleben	→ Sachlexika → PC mit Internetanschluss

Leere Faltvorlagen

Faltvorlage	Beschreibung	Inhaltliche Schwerpunkte	Zusatzmaterial (Lehrer)
Eigene Ideen (S. 62/63)	Herz- und Sternklappbuch, Drei-Fach-Register	✔ eigene Ideen vor dem Lesen, während des Lesens oder nach dem Lesen umsetzen ✔ Titelseiten mit Überschriften gestalten	Heftgerät

Kopiervorlagen

Symbole

Diese Symbole findest du auf den Materialien.
Sie bedeuten:

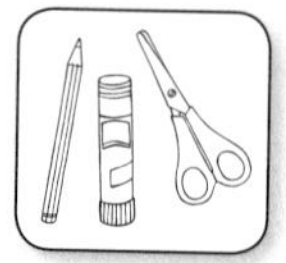

Schneide- und Faltvorlage:
Schneide die Vorlage aus und falte diese wie angegeben.
Schneidelinie: — — — — — —
Faltlinie: ------------------------------------

Klebe die Vorlage wie angegeben zusammen.
Bearbeite die Aufgabe und fülle das Minibuch entsprechend aus.

Dieses Minibuch gestaltest du, bevor du mit dem Lesen deines Buches beginnst.

Dieses Minibuch gestaltest du beim Lesen deines Buches.

Dieses Minibuch gestaltest du, nachdem du dein Buch fertig gelesen hast.

Bei diesen Aufgaben musst du den Inhalt des Gelesenen wiedergeben.

Bei diesen Aufgaben denkst du über die Handlung, Personen und Orte genauer nach.

Bei diesen Aufgaben kommentierst du das Gelesene, stellst Fragen, recherchierst und schreibst eigene Texte.

Viel Spaß!

Faltanleitung Lapbook

① Wähle dir einen farbigen DIN-A3-Tonkarton aus und falte ihn in der Mitte. Klappe ihn wieder auseinander.

Tipp: Gestalte dein Lapbook passend zum Inhalt deines gelesenen Buches.

② Falte beide Enden zur Mittellinie und wieder auseinander.

③ Wähle dir ein farbiges DIN-A4-Blatt aus und klebe es in die Mitte.

④ Klappe die beiden äußeren Seiten zu. Dein Lapbook ist fertig.

⑤ Wenn du während der Arbeit an deinem Lapbook feststellst, dass du mehr Platz benötigst, kannst du oben und unten noch weitere Klappen ankleben. Verwende dazu am besten Klebeband.

❻ Gestalte die Vorderklappen deines Lapbooks mit Namen und Titel. Du kannst dazu die Vorlagen („Deckblatt") verwenden oder die Klappen frei gestalten.

⑦ Klebe deine bearbeiteten Minibücher in den Innenteil deines Lapbooks. Lege aber vor dem Einkleben erst einmal alle auf und überlege, wie du sie am besten verteilen könntest.

Deckblatt

① Schneide die Vorlagen aus. Klebe sie auf die Vorderklappen deines Lapbooks.

❷ **Ergänze die Angaben mit deinen Daten.**

❸ **Schreibe den Titel und den Autor auf das Buch.**

❹ **Gestalte die Titelseite passend zu deinem gelesenen Buch.**

Name: ....

Klasse: ....

Fach: ....

Datum: ....

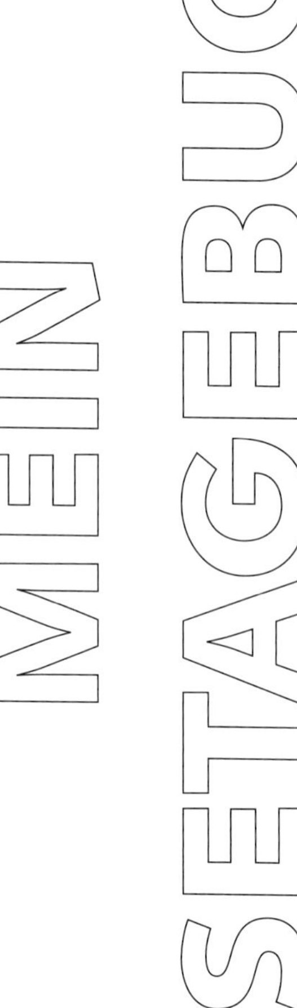

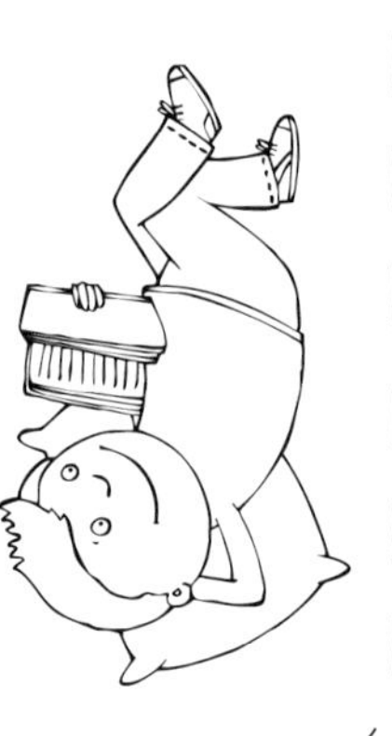

So ist mein Lesetagebuch-Lapbook

Name: .... **Klasse:** .... **Datum:** ....

Schätze ein, wie du die einzelnen Aufgaben erfüllt hast.

Ich habe ausdauernd und selbstständig gearbeitet.

Ich habe sauber und ordentlich gearbeitet.

Ich habe mindestens acht Minibücher bearbeitet.

Ich habe vor dem Lesen, während des Lesens und nach dem Lesen Minibücher gestaltet.

Ich habe meine Eindrücke während des Lesens eingebracht.

Ich habe eigene Ideen und Bilder eingebracht.

Das ist mir schwergefallen:

....

....

....

Das ist mir leichtgefallen:

....

....

....

So gefällt mir mein Lapbook insgesamt:

Bewertung deines Lesetagebuch-Lapbooks

Name: .... **Klasse:** .... **Bearbeitungszeitraum:** ....

	Punkte	Bemerkungen
1. Arbeitsverhalten		
Du hast selbstständig, planvoll, konzentriert und ausdauernd gearbeitet.	/4	
2. Gestaltung		
Du gestaltest dein Lapbook ansprechend (sauber ausgeschnitten, gefaltet, geklebt, gemalt, geschrieben).	/5	
Du fügst eigene Bilder/Zeichnungen ein.	/2	
Du ordnest deine Minibücher übersichtlich an und wählst verschiedene Formate aus.	/2	
Du achtest auf deine Rechtschreibung.	/2	
3. Inhalt		
Du stellst die Informationen vollständig, sinnvoll und richtig dar (1 Punkt pro Minibuch).	/8	
Du ergänzt eigene Inhalte.	/2	
Du erreichst beim Leser einen Wissenszuwachs.	/1	
Du begründest deine Aussagen logisch.	/1	
4. Präsentation (mündlich)		
Deine Präsentation ist sinnvoll aufgebaut.	/2	
Deine Präsentation ist anschaulich und interessant (Erklärungen, Beispiele …).	/2	
Du sprichst verständlich (meist frei, ganze Sätze, Körperhaltung, Blickkontakt).	/4	
Du beantwortest die Fragen deiner Mitschüler.	/1	
5. Selbstreflexion		
Du hast deine Arbeit an deinem Lapbook richtig eingeschätzt.	/2	

Das war besonders toll:	**Gesamtbewertung:**
	/38 Punkte **Note:** ....

Unterschrift der Eltern: ....

Der Klappentext

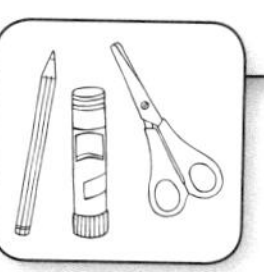

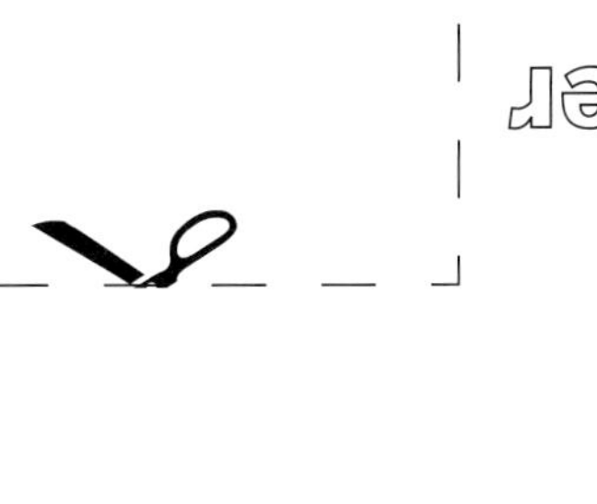

(Klebefläche
Lapbook)

① Schneide die Vorlage an der Schneidelinie aus.

② Falte beide Klappen nach innen.

③ Stecke zum Verschließen die eine Klappe unter die andere.

❹ **Schreibe den Klappentext deines Buches in das aufgeklappte Buch. Beachte dabei die Abschreibregeln.**

⑤ Klebe das Minibuch mit der Rückseite in dein Lapbook.

Info

Klappentext

Der Klappentext befindet sich auf der Rückseite eines Buches. Dort findest du eine kurze Inhaltsangabe und meistens Angaben zum Autor. Der Klappentext soll den Leser neugierig auf das Buch machen.

Buch-Steckbrief

(Klebefläche Lapbook)

Titel

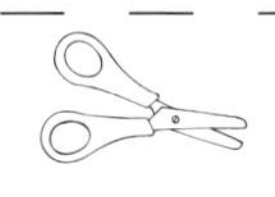

Autor

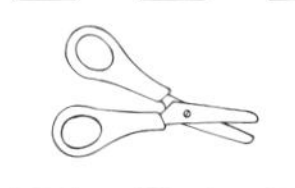

Illustrator

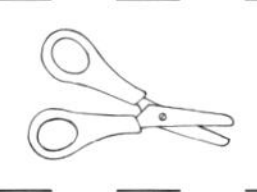

Verlag

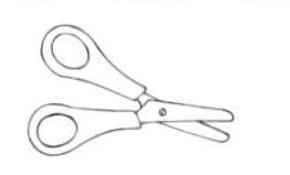

Erscheinungsjahr

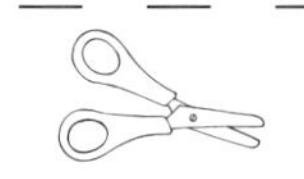

(Klebefläche Lapbook)

(Klebefläche Lapbook)

① Schneide die Vorlagen an den Schneidelinien aus.

② Schneide die Kästen mit der 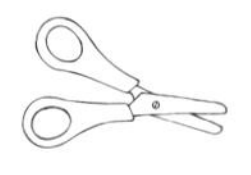 heraus.

③ Falte die Klebeflächen nach hinten.

④ Klebe die Tasche auf dein Lapbook.

⑤ Stecke die Karte mit den „?" hinein. Ziehe zum Beschreiben die Karte etwas heraus, sodass du keine „?" siehst.

❻ Schreibe in die Fenster die passenden Antworten zu deinem Buch.

Info

Das Buch-Cover

Auf dem Buch-Cover findest du den Titel und den Namen des Autors, der das Buch geschrieben hat. Außerdem kannst du lesen, bei welchem Verlag das Buch gedruckt worden ist. Das Titelbild soll neugierig machen, das Buch zu lesen.

Mein Buchsteckbrief

? ? ? ? ?

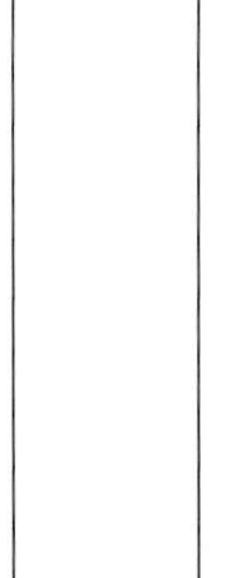

Kapitelverzeichnis

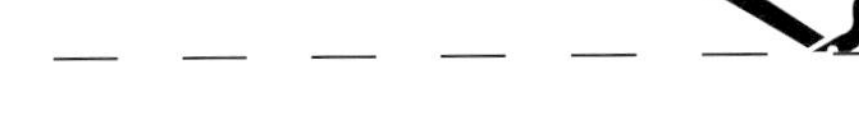

① Schneide das Leporello an der Schneidelinie aus.

② Falte dein Leporello an den Faltlinien wie eine Ziehharmonika abwechselnd nach vorn und nach hinten. Die Überschrift „Kapitelverzeichnis" muss oben sein.

❸ **Schreibe in jedes Feld eine Kapitelüberschrift.**

Tipp: Hat dein Buch weniger Kapitel, kannst du leere Felder abschneiden. Hat es mehr Kapitel, klebst du ein weiteres Leporello an.

④ Klebe dein Leporello mit der Rückseite in dein Lapbook.

Info

Kapitel

Kapitel trennen eine Geschichte in Abschnitte. Die Kapitel beginnen oft mit einer neuen Überschrift oder einer Zahl. Du findest die Kapitelüberschriften auch im Inhaltsverzeichnis.

Das Titelbild

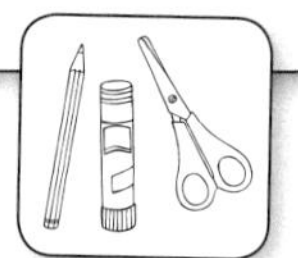

1. Schneide die Vorlage an der Schneidelinie aus.
2. Falte die obere Klappe nach unten. Falte nun das Buch zusammen.
3. **Male das Titelbild auf die Vorderseite.**
4. **Öffne das Buch. Schreibe auf die obere Klappe, welche Personen, Tiere, Gegenstände, Farben oder Besonderheiten du auf dem Bild siehst.**
5. **Öffne die rechte Klappe. Überlege, was dir das Titelbild verrät. Was könnte passiert sein? Schreibe eine kleine Geschichte auf beide Seiten.**
6. Klebe das Minibuch mit der Klebefläche in dein Lapbook.

Das ist auf dem Titel zu sehen:

(Klebefläche Lapbook)

Das Titelbild

Der Titel

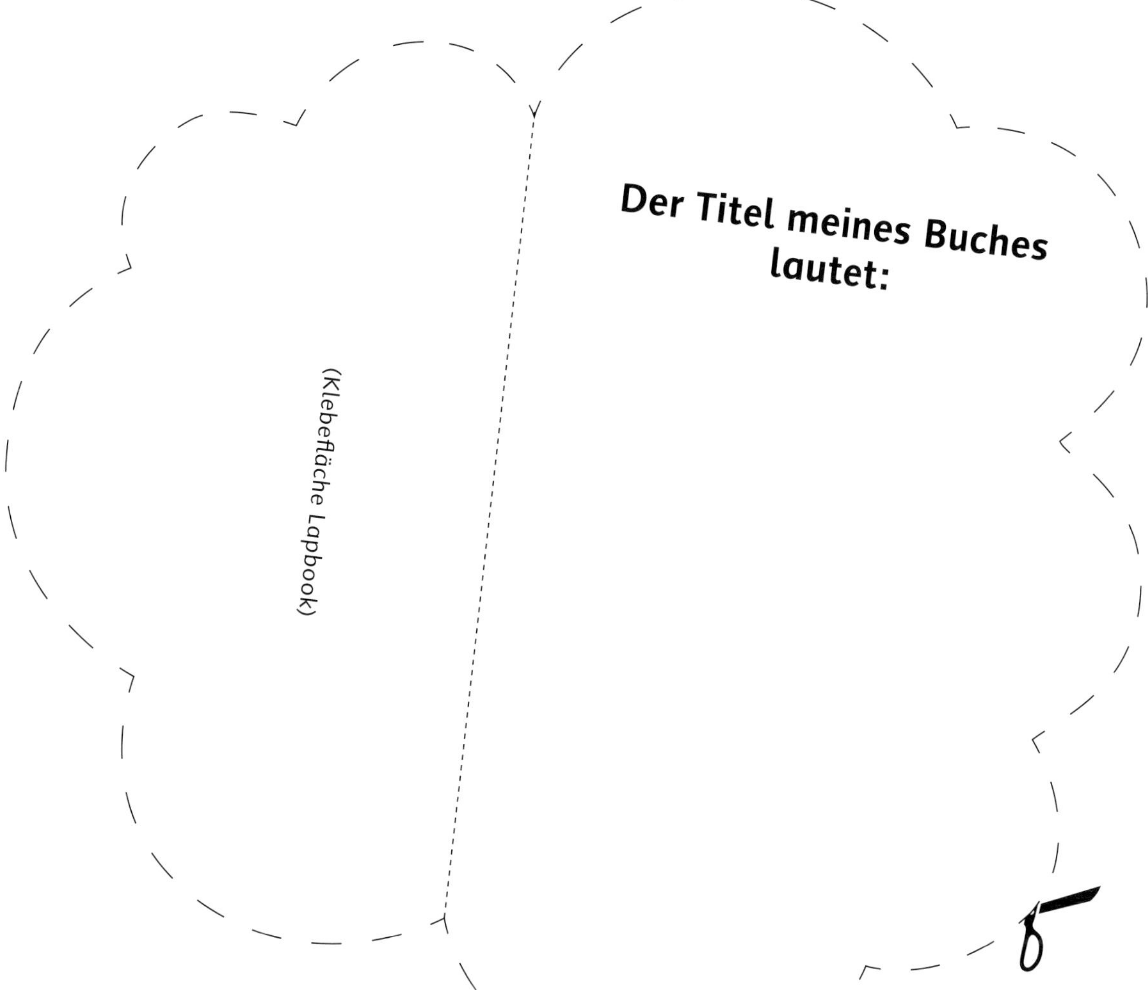

① Schneide die Gedankenblase an der Schneidelinie aus.

② Falte die Vorlage an der Faltlinie nach hinten.

❸ **Schreibe den Titel des Buches auf die Vorderseite.**

❹ **Überlege, was dir der Titel über den Inhalt des Buches verrät. Schreibe deine Vermutungen, Ideen und Gedanken in die geöffnete Gedankenblase.**

⑤ Klebe das Minibuch mit der Klebefläche in dein Lapbook.

Autoren-Steckbrief

Autorensteckbrief

(Seite 2)

Name

(Seite 5)

Weitere Bücher

(Seite 6)

Porträt

(Seite 3)

Lebensdaten

(Seite 4)

Familie und Kinder

1. Schneide die Vorlagen an den Schneidelinien aus.
2. Lege alle Seiten in der richtigen Reihenfolge aufeinander (Titel, Seite 2 ...).
3. Hefte alle Seiten mit einem Heftgerät zusammen.
4. **Sammle im Internet oder in Lexika Informationen über den Autor.**
5. **Ergänze den Steckbrief.**
6. **Male oder klebe ein Bild des Autors auf die letzte Seite.**
7. Klebe dein Klappenbuch mit der Rückseite in dein Lapbook.

Erste Gedanken

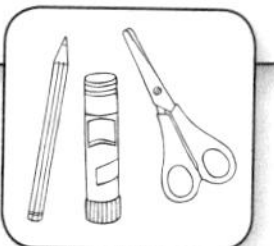

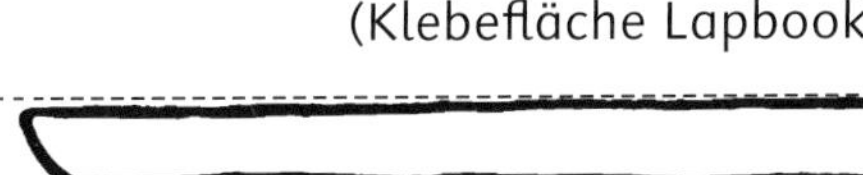

① Schneide die Vorlagen an den Schneidelinien aus.

② Falte die Klebeflächen an den Faltlinien nach hinten.

❸ Ergänze die Sätze auf den Rückseiten der Klappen.

④ Klebe die Klappen mit den Klebeflächen in dein Lapbook.

(Klebefläche Lapbook)

(Klebefläche Lapbook)

(Klebefläche Lapbook)

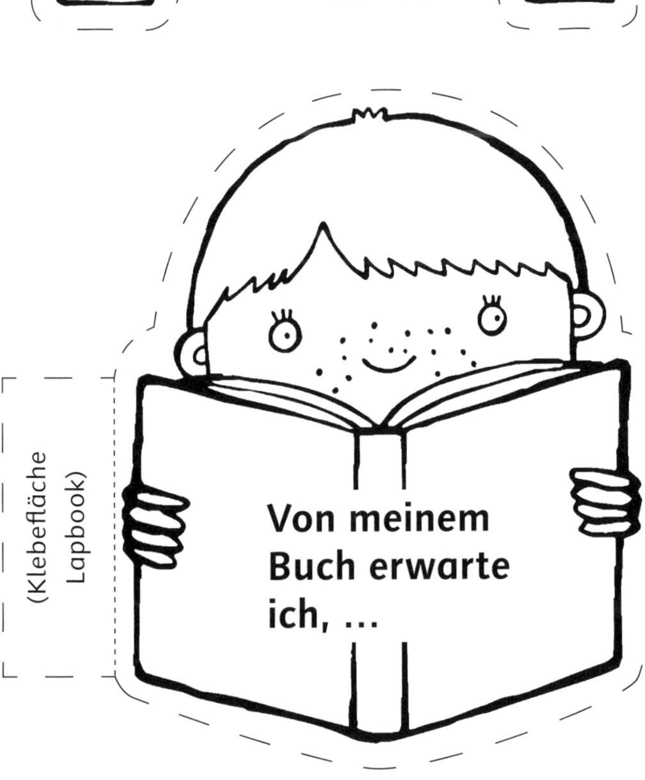

Meine Lesezeit

Geschätzte Lesezeit:

.... Stunden

.... Minuten

Datum	Seiten	Minuten

Datum	Seiten	Minuten

Gesamte Lesezeit:

.... Stunden

.... Minuten

① Schneide die Vorlagen an den Schneidelinien aus.

② Falte die Klappe an der Faltlinie nach innen.

③ Klebe das Titelbild außen auf.

❹ **Schätze, wie lange du brauchst, um dein Buch zu lesen. Trage es oben ein.**

❺ **Trage in die Tabelle ein, welche Seiten du wann gelesen hast. Wie viele Minuten hast du dafür gebraucht?**

❻ **Rechne deine Gesamtlesezeit aus.**

⑦ Klebe die Klappe mit der Rückseite in dein Lapbook.

Meine Lesezeit

Personenverzeichnis

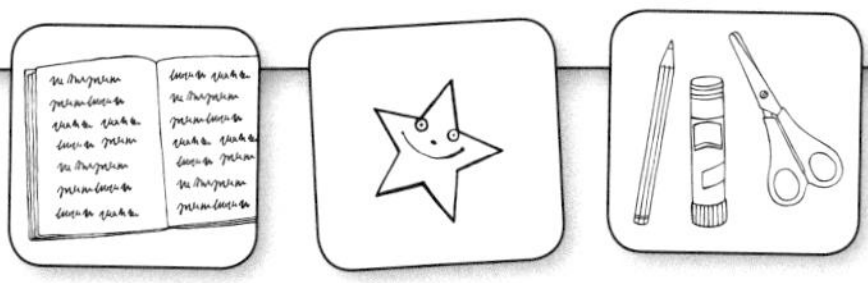

① Schneide die Karten an den Schneidelinien aus.

② Lege alle Karten aufeinander. Stich die schwarzen Punkte vorsichtig ein.

③ Verbinde die Karten mit einer Musterklammer zu einem Fächer.

❹ Schreibe alle Figuren auf, die in deinem Buch eine wichtige Rolle spielen.
- **Schreibe auf die Vorderseite der Karten immer einen Namen.**
- **Auf die Rückseite schreibst du, wer es ist.**

Beispiel: *Vorderseite:* Frau Lücke, *Rückseite:* Klassenlehrerin der 2. Klasse

❺ Male die Karten für Haupt- und Nebenfiguren mit zwei verschiedenen Farben aus.

⑥ Klebe den Fächer mit der Rückseite in dein Lapbook. Achte darauf, dass du die Musterklammer nicht mit festklebst.

Personen-
verzeichnis

© Verlag an der Ruhr | Autorin: Doreen Blumhagen | Illustrationen: Anja Boretzki | ISBN 978-3-8346-3695-9

Wortschätze

① Schneide die Kreise an den Schneidelinien aus.

② Stich die Kreise durch. Verbinde beide Teile mit einer Musterklammer.

❸ **Sammle 8 Wörter, die dir beim Lesen besonders gefallen haben.**

❹ **Gestalte in jedem Ausschnitt ein Wort mit passenden Farben und besonderen Buchstaben.**

❺ **Ergänze bei jedem Wort die Seitenzahl, auf der du es gelesen hast.**

⑥ Klebe den Drehkreis mit der Rückseite in dein Lapbook. Achte darauf, dass du die Musterklammer nicht mit festklebst.

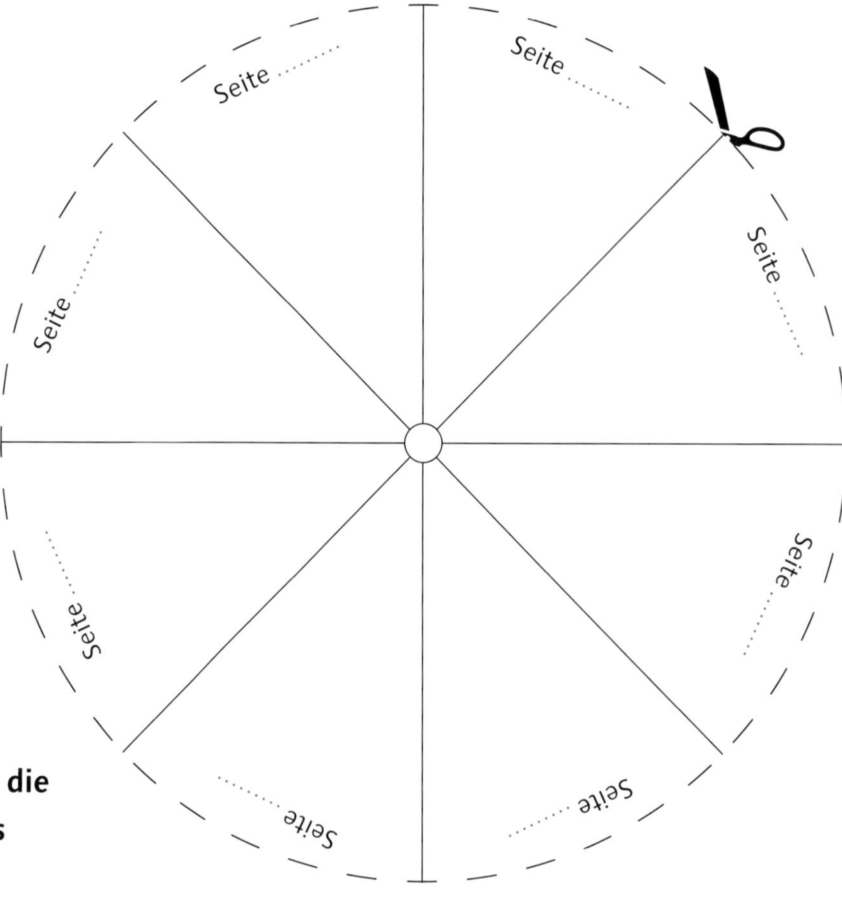

Wortarten-Detektiv

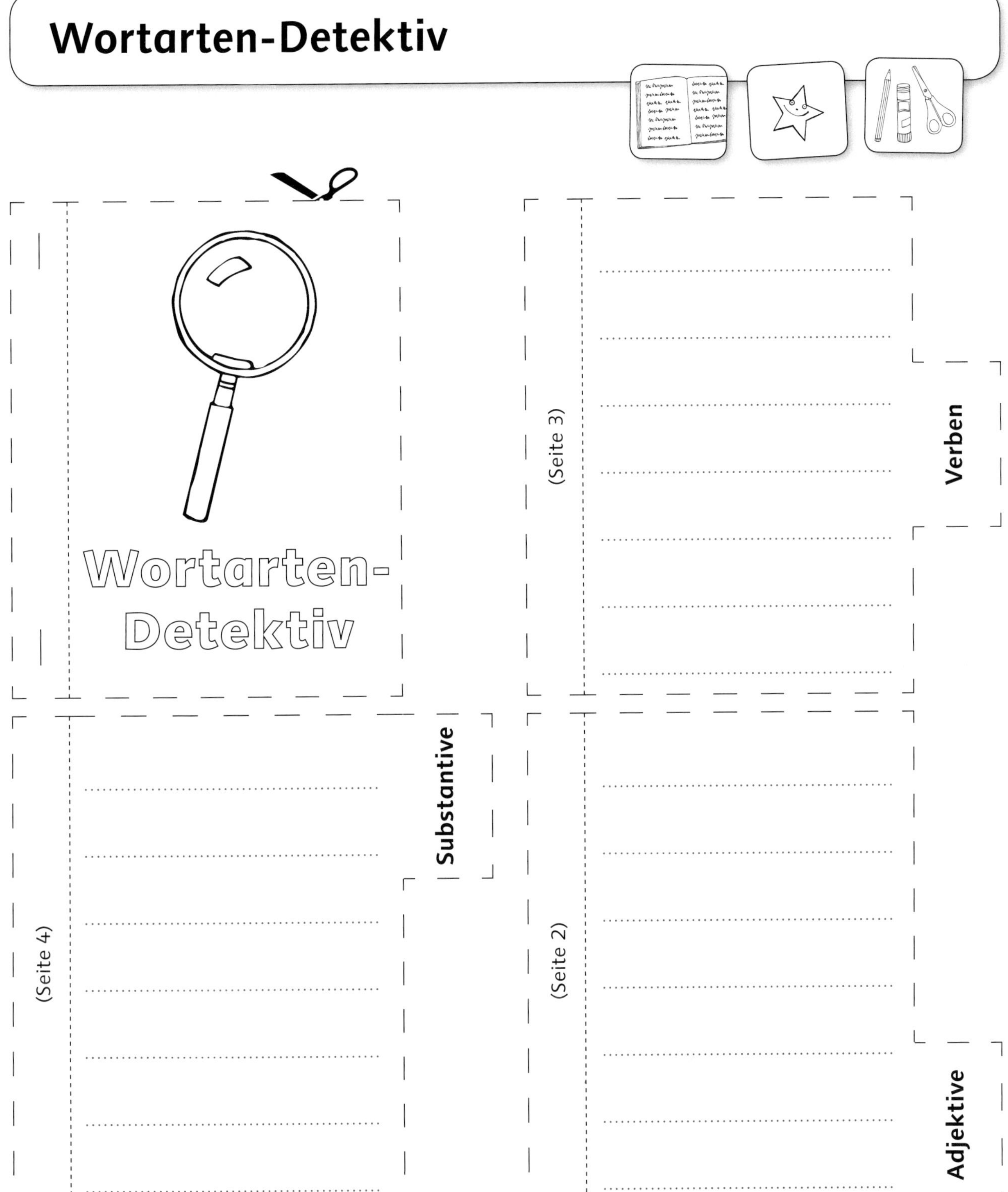

① Schneide alle Vorlagen an den Schneidelinien aus.

② Lege die Seiten in der angegebenen Reihenfolge aufeinander. Verbinde die Seiten mit einem Heftgerät.

❸ Suche aus einem Kapitel 7 Substantive, 7 Verben und 7 Adjektive heraus. Schreibe sie auf die passenden Seiten.

④ Klebe dein Minibuch mit der Rückseite in dein Lapbook.

Ein interessantes Gespräch

Ein interessantes Gespräch

❶ **Schreibe ein interessantes Gespräch aus deinem Buch in die Felder des Leporellos. Denke an die Zeichen der wörtlichen Rede und die Begleitsätze.**

Tipp: Verwende für Begleitsätze und Sprecher verschiedene Farben.

❷ **Unterstreiche in den Begleitsätzen Verben, die ausdrücken, dass jemand spricht.**

③ Schneide die Vorlage an der Schneidelinie aus.

④ Falte die Felder wie eine Ziehharmonika abwechselnd nach vorn und hinten zu einem Leporello.

❺ **Erkläre auf der Rückseite, warum es ein besonderes Gespräch für dich war.**

⑥ Klebe das Leporello mit der letzten Seite in dein Lapbook.

Bedeutungswörterbuch (1/2)

G–K

E–F

L–O

A–D

P–T

Bedeutungs-
wörterbuch

fahren
fahren,
Fahrplan,
Fahrrad

U–Z

(Klebefläche
Lapbook)

Bedeutungswörterbuch (2/2)

① 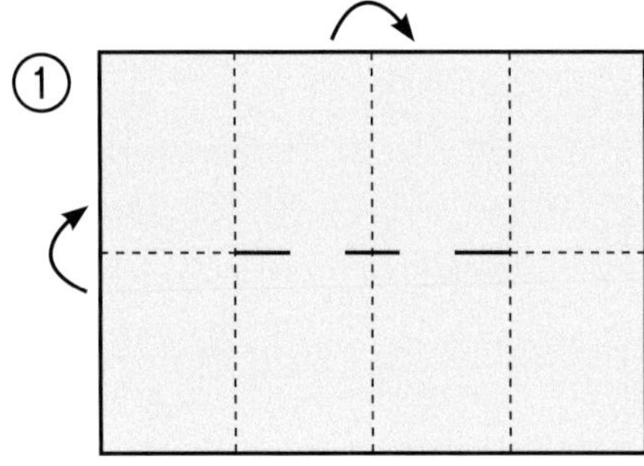

② 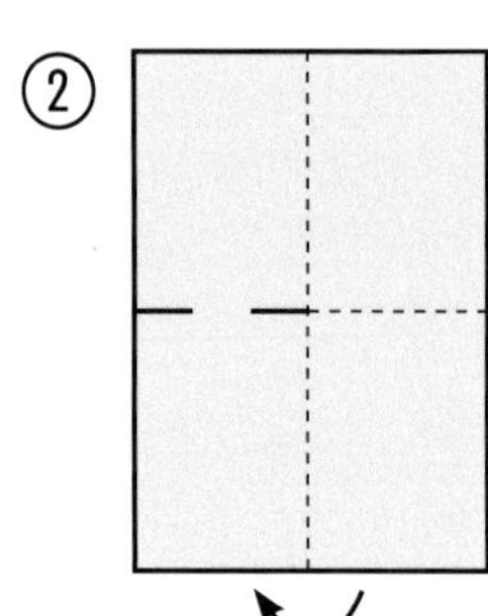

③ 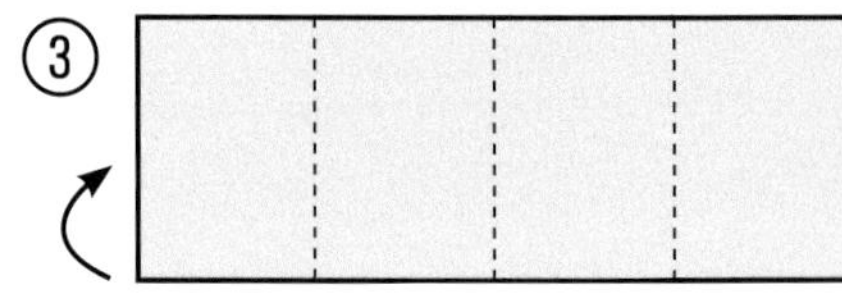

④ 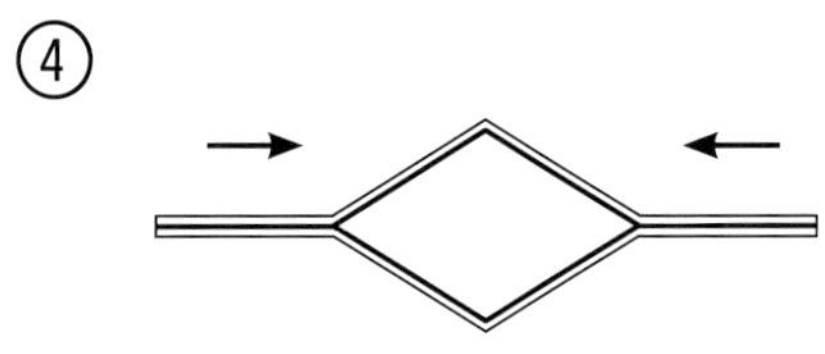

⑤ 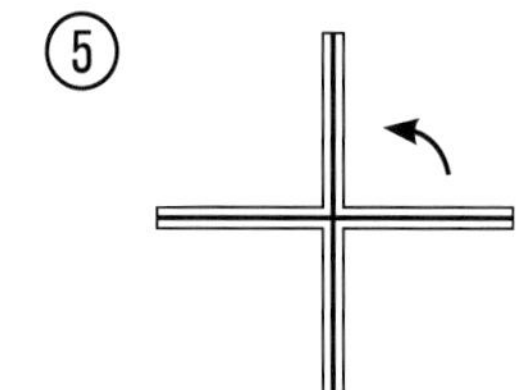

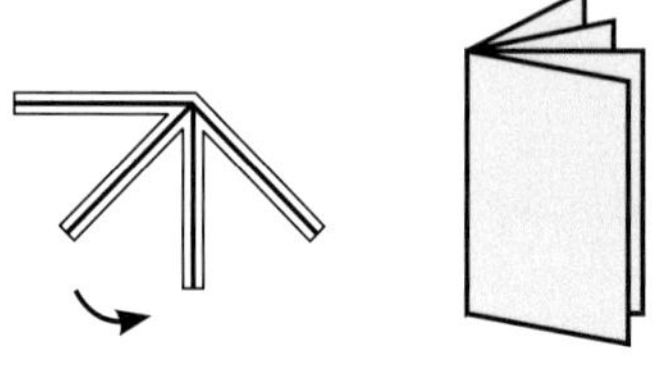

① Schneide die Vorlage an der Schneidelinie aus.
Falte an allen angegebenen Faltlinien.

② Falte das Blatt auf die Hälfte zusammen und schneide die Schneidelinie ein.

③ Falte es wieder auseinander und anschließend der Länge nach wieder zusammen.

④ Schaue dir das Buch von oben an. Fasse es rechts und links an den geschlossenen Seiten an und schiebe es zusammen.

⑤ Den entstandenen Stern kannst du nun zu einem Buch zusammenklappen.

❻ Schreibe Wörter, die du beim Lesen nicht verstanden hast, in das Wörterbuch. Achte dabei auf die Reihenfolge im Alphabet.

❼ Finde die Bedeutung der Wörter heraus. Suche dazu in einem Wörterbuch, in Lexika, im Internet oder frage nach. Schreibe die Bedeutung ebenfalls auf.

⑧ Klebe dein Wörterbuch mit der Rückseite in dein Lapbook.

Besondere Textstellen (1/2)

Diese Textstelle fand ich besonders traurig:

Seite:

Diese Textstelle fand ich besonders lustig:

Seite:

Diese Textstelle fand ich besonders spannend:

Seite:

① Schneide die Textkarten aus.

❷ **An welcher Stelle war dein Buch besonders spannend, traurig oder lustig? Schreibe die Textstellen mit Seitenzahlen auf die Textkarten.**

❸ **Schreibe auf die Rückseiten, warum die Textstellen für dich spannend, traurig oder lustig waren.**

Beginne so:
Ich finde es lustig, weil …

Info

Zitieren

Um zu zitieren, setzt du vor und nach der Textstelle Anführungszeichen und schreibst die Seitenzahl dazu.

Beispiel:
„Lea und Lasse gingen die Straße hinauf, die zum Wald führte. Ihre Schritte hallten auf dem Pflaster.“
Seite 42

Besondere Textstellen (2/2)

(Klebefläche Lapbook)

(Klebefläche Lapbook)

(Klebefläche Lapbook)

④ Schneide die Truhe aus. Schneide für den Schlitz die beiden Schneidelinien ein.

⑤ Falte Unter- und Oberteil der Truhe nach hinten. Falte die Klebeflächen nach hinten und klebe sie auf der Rückseite der Truhe fest.

⑥ Stecke die Textkarten in die Truhe. Verschließe die Truhe. Stecke den Verschluss durch den Schlitz. Klebe die Truhe mit der Rückseite in dein Lapbook.

Comic-Zeichner

① Schneide die Vorlagen an den Schneidelinien aus.

② Falte beide an den Faltlinien.

③ Schneide die Schneidelinien bei der Titelseite ein. Schneide das schwarze Feld aus.

④ Biege die Titelseite vorsichtig und stecke sie durch den Schlitz der zweiten Vorlage. Nun hast du ein Buch mit 8 Seiten.

❺ **Zeichne einen Comic zu einem Abschnitt im Buch, der dir besonders gut gefallen hat.**
- **Überlege dir sechs passende Bilder.**
- **Zeichne Gedanken- und Sprechblasen und beschrifte sie.**

❻ **Gib deinem Comic eine Überschrift und gestalte diese auf der Titelseite mit besonderen Buchstaben.**

⑦ Klebe dein Comic-Buch mit der Rückseite in dein Lapbook.

Die Hauptfigur

Die Hauptfigur

Aussehen

Eigenschaften

Lebensumstände

① Schneide die Vorlage aus. Schneide die Schneidelinien ein.

② Falte die Klappen an der Faltlinie nach innen.

❸ **Markiere beim Lesen alle Textstellen, die die Hauptfigur beschreiben.**

❹ **Schildere das Aussehen der Hauptfigur unter der ersten Klappe. Zeichne dazu ein Bild der Hauptfigur auf das geschlossene Klappbuch.**

❺ **Beschreibe ihre Eigenschaften (Fähigkeiten und Charakter).**

❻ **Beschreibe, wie die Hauptfigur lebt (Familie, Freunde, Wohnung ...).**

⑦ Klebe das Klappbuch mit der Rückseite in dein Lapbook.

Nacherzählung (1/2)

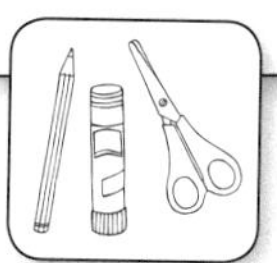

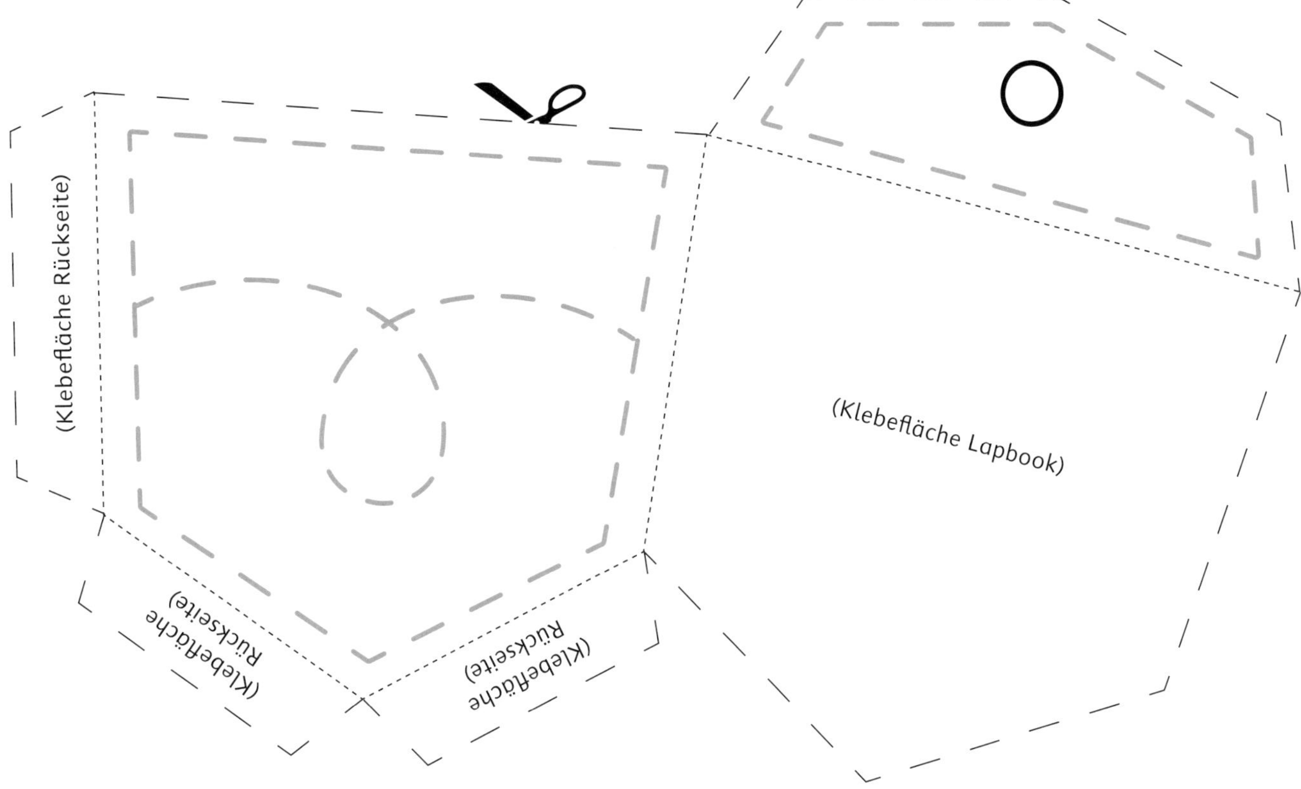

① Schneide die Hosentasche an der Schneidelinie aus.

② Falte alle Klappen an den Faltlinien nach hinten.

③ Klebe sie auf der Rückseite fest.

④ Klebe die Hosentasche mit der Rückseite in dein Lapbook.

⑤ Schneide die Erzählkarten an den Schneidelinien aus.

❻ **Fertige zu jedem Kapitel deines Buches eine Erzählkarte an. Schreibe dazu auf jede Erzählkarte 1–5 passende Stichwörter zum Inhalt des Kapitels. Nummeriere die Karten.**

❼ **Übe, mithilfe der Stichworte die Geschichte nachzuerzählen.**

⑧ Stecke die Erzählkarten in die gebastelte Hosentasche.

Nacherzählung (2/2)

Kapitelbriefchen

(Klebefläche Lapbook)

Kapitel:

(Klebefläche Lapbook)

Kapitel:

① Schneide die beiden Vorlagen an den Schneidelinien aus.

② Falte die rechte und linke Seite an der Faltlinie nach hinten. Die kleine Klappe soll über der großen Klappe sein.

❸ **Gestalte zu 2 Kapiteln deines Buches ein Kapitelbriefchen.**

- **Ergänze dazu den Namen des Kapitels auf der kleinen Titelklappe.**
- **Fasse den Inhalt des Kapitels in maximal 5 Sätzen zusammen. Denke an die W-Fragen: Wer? Was? Wann? Wo? Wie? Warum?**
- **Zeichne ein passendes Bild zum Kapitel auf die größere Titelseite des Briefchens.**

④ Klebe deine Kapitelbriefchen mit der Rückseite in dein Lapbook.

Tipp: Gestalte zu jedem Kapitel deines Buches ein Briefchen. Wähle dir dazu eine Seitenklappe aus, auf der du alle Briefchen in der richtigen Reihenfolge anordnest.

Ich im Buch

Ich bin ....

Ich habe ....

....

....

Ich denke ....

....

....

Ich fühle ....

....

Ich wünsche mir ....

....

....

① Schneide beide Vorlagen an den Schneidelinien aus.

② Falte die Klebeflächen der Halterung nach hinten.

③ Klebe die Halterung mit der Klebefläche in dein Lapbook.

❹ Suche dir ein Kapitel aus. Stell dir vor, du wärst eine Figur in diesem Kapitel.

❺ Ergänze die angefangenen Sätze auf dem Schreibblatt:
Wer bist du? Was hast du erlebt?
Was denkst du? Was fühlst du?
Was wünschst du dir für die Zukunft?

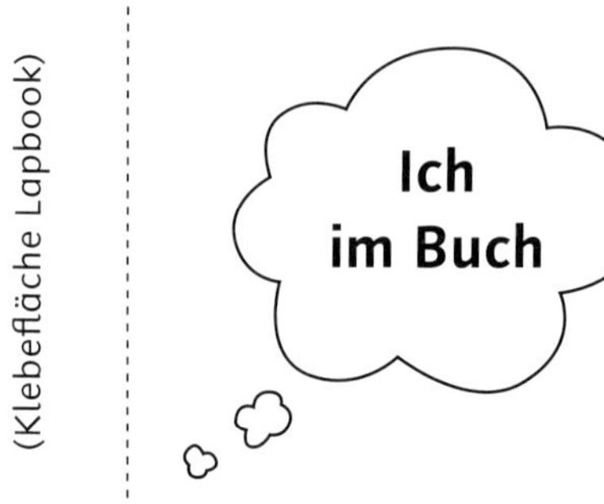

⑥ Rolle dein Schreibblatt zusammen und schiebe es in die Halterung in deinem Lapbook.

Fragen über Fragen

① Schneide die Fragezeichen an den Schneidelinien aus.

② Lege die Fragezeichen aufeinander. Die Titelseite liegt oben.

③ Stich die Kreise ein und verbinde die Fragezeichen mit einer Musterklammer zu einem Fächer.

❹ **Schreibe immer eine Frage, die du dir während des Lesens stellst, auf ein Fragezeichen.**

Beispiel: Warum hat Ellen Angst, auf den Dachboden zu gehen?

❺ **Wenn du beim Weiterlesen die Antwort findest, schreibst du die Antwort auf die Rückseite des Fragezeichens.**

⑥ Klebe das letzte Fragezeichen mit der Rückseite in dein Lapbook.

Meine Lesegedanken

Kapitel:

1. Schneide die Wolken an den Schneidelinien aus.
2. Lege die Wolken aufeinander.
3. Verbinde die Wolken am Rand mit einer Heftklammer.
4. **Schreibe nach jedem Kapitel in eine Wolke, was du beim Lesen gedacht oder gefühlt hast. Ergänze den Kapitelnamen.**
5. Klebe die letzte Wolke mit der Rückseite in dein Lapbook.

Meine Buchempfehlung

Meine Buchempfehlung

Wie fand ich das Buch?	☐ spannend ☐ einfach toll ☐ aufregend ☐ langweilig ☐ lustig ☐ lehrreich ☐ komisch ☐
Wie war die Schrift?	☐ gut zu lesen ☐ zu klein
Gab es schwierige Wörter?	☐ keine ☐ einige ☐ viele
Für wen ist das Buch geeignet?	☐ eher für Jungen ☐ eher für Mädchen ☐ für Jungen und Mädchen
Warum?	Weil ...
Kann ich dieses Buch weiterempfehlen?	☐ Ja ☐ Nein
Warum?	Weil ...
Wie viele Sterne vergebe ich?	☆ ☆ ☆ ☆ ☆

① Schneide die Vorlage an der Schneidelinie aus.

② Falte die rechte Seite an der Faltlinie nach hinten und klebe die Antworten auf der Rückseite der Fragen fest.

③ Schneide die Streifen an den Schneidelinien ein.

❹ **Gib eine Buchempfehlung für dein gelesenes Buch. Kreuze dazu die passenden Antworten an. Ergänze die Begründungen.**

⑤ Klebe dein Klappbuch auf der Rückseite von „Meine Buchempfehlung“ in dein Lapbook.

Mein Buch-ABC

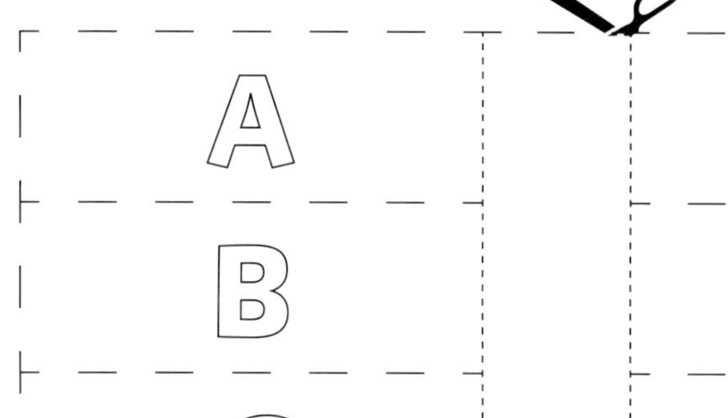

A	Mein Buch-ABC	N
B		O
C		P
D		Q
E		R
F		S
G		T
H		U
I		V
J		W
K		X
L		Y
M		Z

① Schneide die Vorlage an der Schneidelinie aus.

② Schneide die Schneidelinien ein. Es entstehen viele kleine Klappen.

❸ **Finde zu jedem Buchstaben des Alphabets ein passendes Wort zu deinem gelesenen Buch.**

Denke dabei zum Beispiel an Namen, Tiere, Orte, Ereignisse oder Themen des Buches.

Schreibe das Wort auf die Rückseite des Buchstabens.

④ Klebe das Klappbuch nur mit dem Mittelstreifen in dein Lapbook.

Mein/e Lieblings...

Mein/e Lieblings... im Buch

Figur

Ort

Gegenstand

① Schneide das Herz an der Schneidelinie aus. Falte es in der Mitte zusammen.

② Schneide die Schneidelinien ein.

❸ **Überlege, was dir in dem Buch besonders gut gefallen hat. Schreibe die Antworten auf die Rückseiten der Klappen.**

❹ **Finde vier weitere Oberbegriffe, die im Buch eine Rolle spielen (Kapitel, Essen, Tier, Kleidung ...). Schreibe sie auf die leeren Klappen. Schreibe die Antworten wieder auf die Rückseite.**

⑤ Klebe das Herz nur mit der Rückseite der oberen und unteren Klappe in dein Lapbook.

Lesequiz

Frage 1:	Frage 2:	Frage 3:
a)	a)	a)
b)	b)	b)
Frage 4:	**Frage 5:**	**Frage 6:**
a)	a)	a)
b)	b)	b)

① Schneide die Karten und die Tasche an den Schneidelinien aus.

② Falte alle Klebeflächen an der Tasche nach hinten und klebe sie auf dein Lapbook.

❸ **Überlege dir Quizfragen zum Inhalt deines Buches.**

❹ **Schreibe immer eine Frage mit zwei Antwortmöglichkeiten auf die Karten. Notiere auf der Rückseite den Lösungsbuchstaben.**

⑤ Stecke die Karten in die Tasche.

Figurenvergleich

Ich und ....

(Klebefläche Lapbook)

Unsere Gemeinsamkeiten

① Schneide die Vorlage an der Schneidelinie aus. Schneide die Schneidelinien ein.

② Falte die kleinen Klappen zur Mitte. Falte die große Klappe darauf.

❸ Suche dir eine Figur aus dem Buch aus, mit der du dich vergleichen möchtest. Schreibe deine Feststellungen unter die passenden Klappen.

- **Welche Eigenschaften hast nur du?**
- **Welche Eigenschaften hast du mit der Figur gemeinsam?**
- **Welche Eigenschaften hat nur die Figur?**

❹ Klebe ein Foto von dir auf die linke Klappe. Klebe eine Zeichnung von der Figur auf die rechte Klappe. Ergänze ihren Namen.

⑤ Klebe das Klappbuch mit der Rückseite in dein Lapbook.

Text-Zauberei

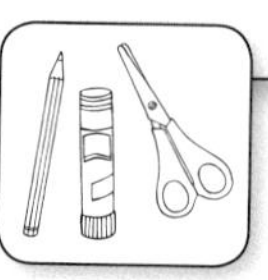

Original

(Klebefläche Lapbook)

Seite ....

text

① Schneide die Vorlage an der Schneidelinie aus.

② Falte beide Außenklappen an den Faltlinien nach hinten.

❸ Stell dir vor, du wärst ein Zauberer und könntest eine Textstelle im Buch verändern.

- **Welche Textstelle würdest du ändern?**
- **Was würdest du verändern (zum Beispiel Personen, Zeit, Ort, Handlung)?**

❹ Schreibe die originale Textstelle über die Klappen. Gib die Seitenzahl im Buch an.

❺ Öffne die Klappen und schreibe deinen geänderten Text in die Mitte. Gestalte die Seitenklappen passend zum Text.

⑥ Falte das Buch noch einmal an der gepunkteten Linie.

⑦ Klebe das Minibuch mit der Klebefläche in dein Lapbook.

Mini-Stabfigurentheater (1/2)

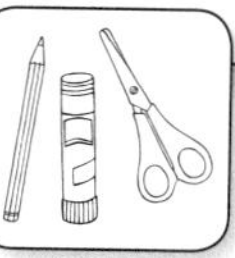

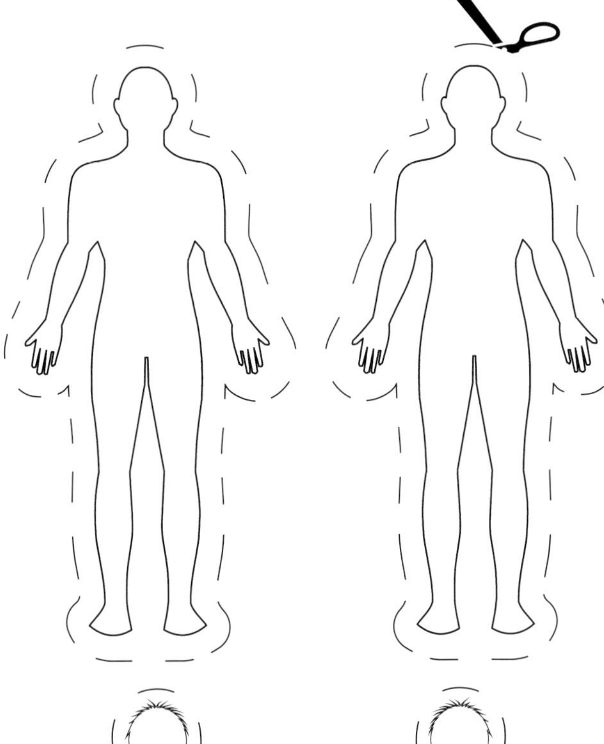

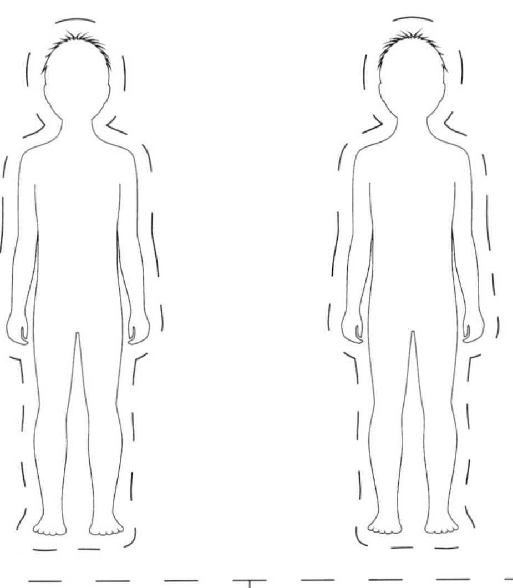

❶ Wähle eine Textstelle aus deinem Buch aus, die du mit einem Mini-Stabfigurentheater nachspielen möchtest.

Mini-Stabfiguren:

② Schneide die Stabfiguren an den Schneidelinien aus.

❸ Gestalte die handelnden Figuren aus. Für Tiere kannst du selbst Vorlagen gestalten. Achte dabei auf das im Buch beschriebene Aussehen.

④ Klebe auf die Rückseite jeder Figur mit Klebeband einen Zahnstocher fest.

Theaterbühne:

⑤ Schneide das Theater an der Schneidelinie aus.

⑥ Falte die kleinen Klappen nach hinten und klebe sie an der Rückseite fest. Falte den Vorhang an den Faltlinien nach innen.

❼ Überlege, wie dein Spielort aussieht. Gestalte ihn auf der Innenseite des Theaters. Achte auf die Beschreibung im Buch.

⑧ Klebe dein Theater mit der Rückseite in dein Lapbook. Stecke die Figuren in die beiden Seitentaschen.

❾ Klappt das Theater auf. Spielt mit den Figuren die Textstelle nach. Denkt euch passende Dialoge aus.

Mini-Stabfigurentheater (2/2)

(Klebefläche Innenklappe)

Vorhang

(Klebefläche Innenklappe)

(Klebefläche Lapbook)

(Klebefläche Innenklappe)

auf!

(Klebefläche Innenklappe)

Mein Lieblingsbild

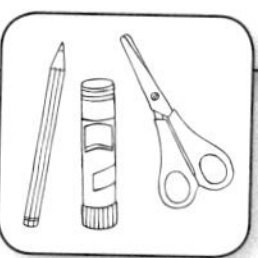

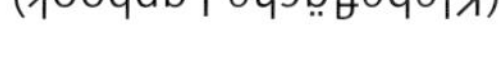

Mein Lieblingsbild

1. Schneide die Vorlage an der Schneidelinie aus.
2. Falte die Klappe an der Faltlinie.
3. **Gestalte im Bilderrahmen dein Lieblingsbild aus dem Buch. Du kannst …**
   - **es abzeichnen,**
   - **es abpausen und ausmalen,**
   - **eine Kopie einkleben und ausmalen.**
4. **Öffne deine Klappe. Beschreibe in der oberen Klappe das Bild so genau wie möglich (Figuren, Ort, Gegenstände, Farben …).**
5. **Schreibe auf die untere Seite, warum dir dieses Bild so gut gefällt.**
6. Klebe deine Klappe mit der Klebefläche in dein Lapbook.

Ein besonderer Ort

① Schneide den Stern an der Schneidelinie aus.

② Falte die Zacken an den Faltlinien zur Mitte.

❸ **Wähle einen Ort oder Platz aus dem Buch aus, der dir besonders gut gefallen hat.**

❹ **Öffne den Stern und male den Ort in die Mitte.**

❺ **Schreibe in die Zacken Textstellen, die den Ort im Buch beschreiben. Vergiss die Seitenzahl nicht.**

❻ **Schreibe auf die Rückseite der Zacken, warum du diesen Ort besonders magst.**

⑦ Klebe das Minibuch mit der Rückseite in dein Lapbook.

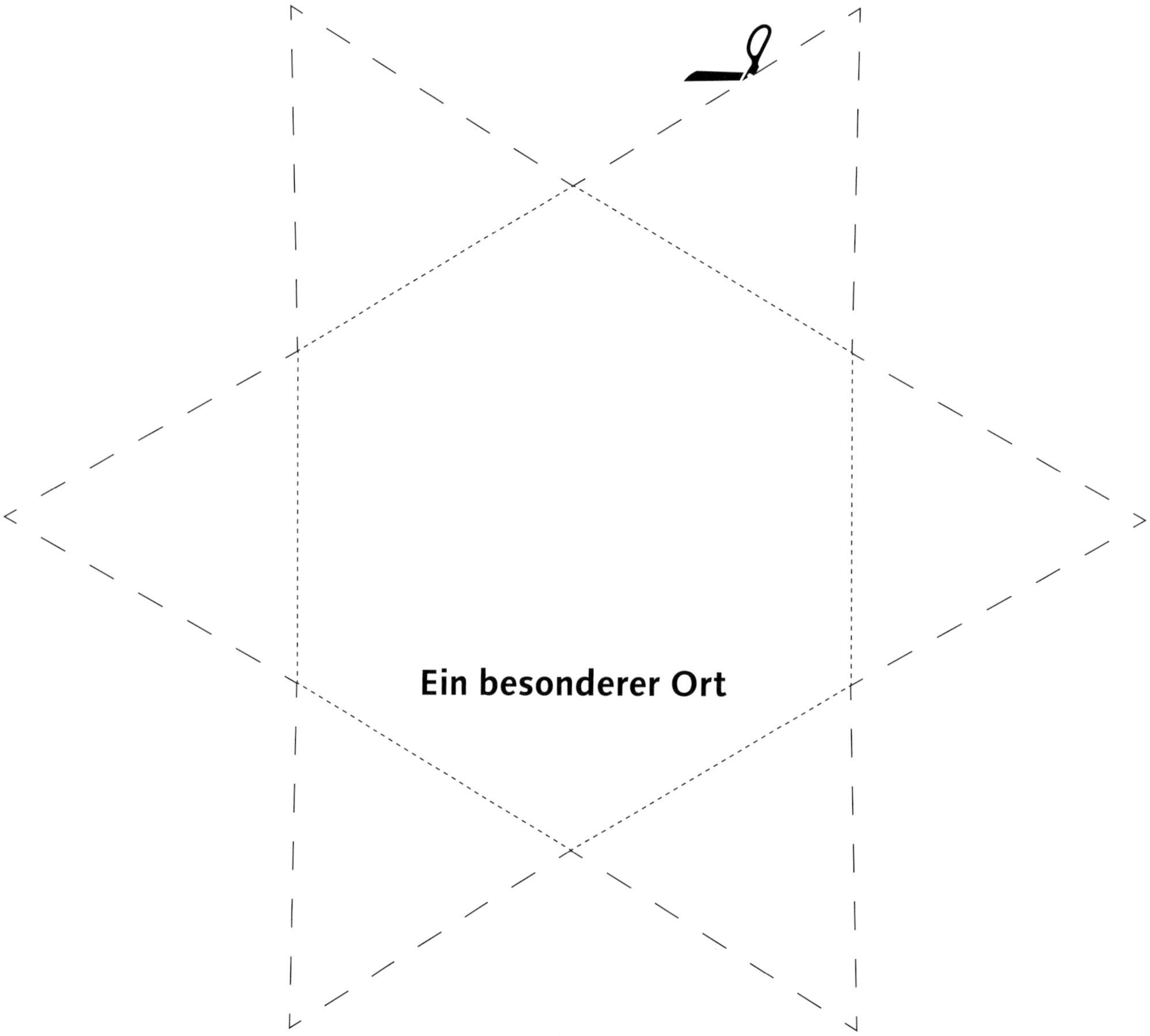

Ein besonderer Ort

Brief an den Autor

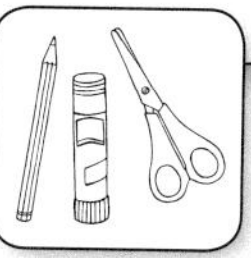

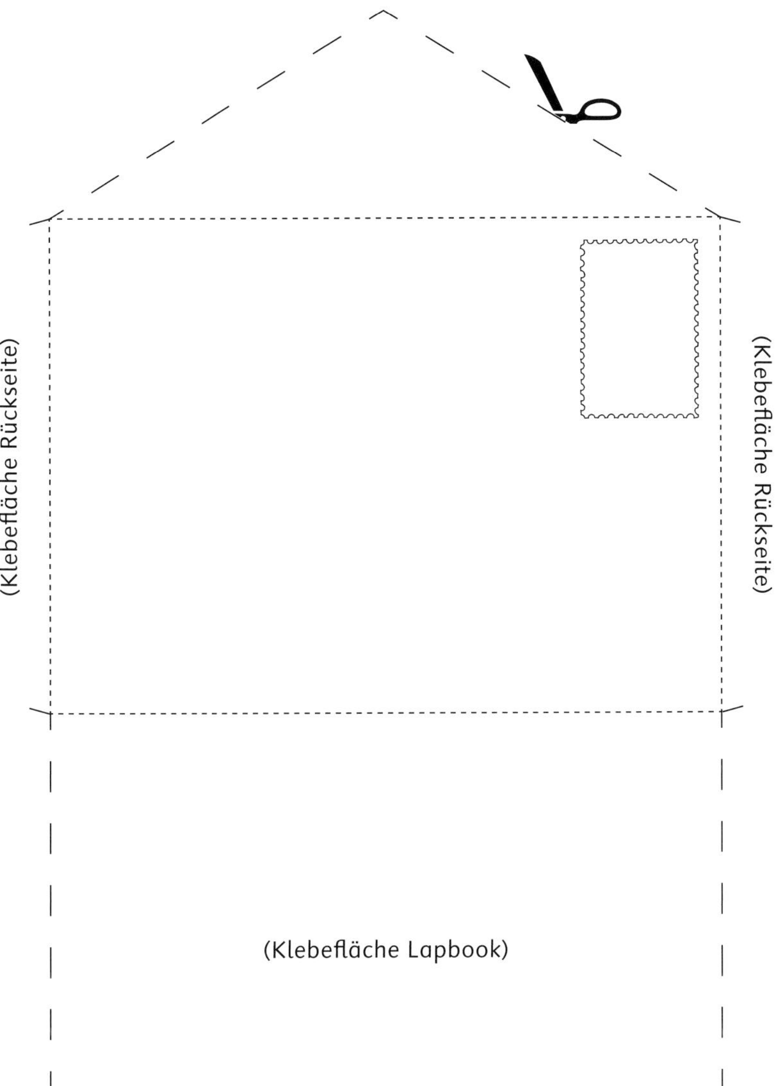

① Schneide die Vorlage an der Schneidelinie aus.

② Falte alle Klappen nach hinten. Klebe die beiden kleinen Klappen an der Rückseite fest.

❸ **Schreibe einen Brief an den Autor deines Buches. Nutze dazu ein A5-Schreibblatt.**
- **Erzähle, was dir besonders gefallen oder nicht gefallen hat.**
- **Überlege dir Fragen, die du zum Buch stellen möchtest.**

❹ **Schreibe den Namen des Autors als Adressat auf den Briefumschlag.**

⑤ Falte deinen Brief zusammen und stecke ihn in den Umschlag.

Klebe den Umschlag mit der Rückseite in dein Lapbook. Achte darauf, dass du die Dreiecksklappe nicht mit festklebst. Der Brief soll noch zu öffnen sein.

So schreibst du einen Brief

- Beginne mit einer Anrede *(Beispiel: Lieber/Liebe …)*.
- Schreibe die Anrede „Sie" groß.
- Denke am Schluss an den Gruß *(Beispiel: Liebe Grüße, Mit freundlichen Grüßen)*.
- Denke daran, deinen Namen unter den Brief zu schreiben *(Beispiel: Dein/Deine …)*

Wie geht es weiter?

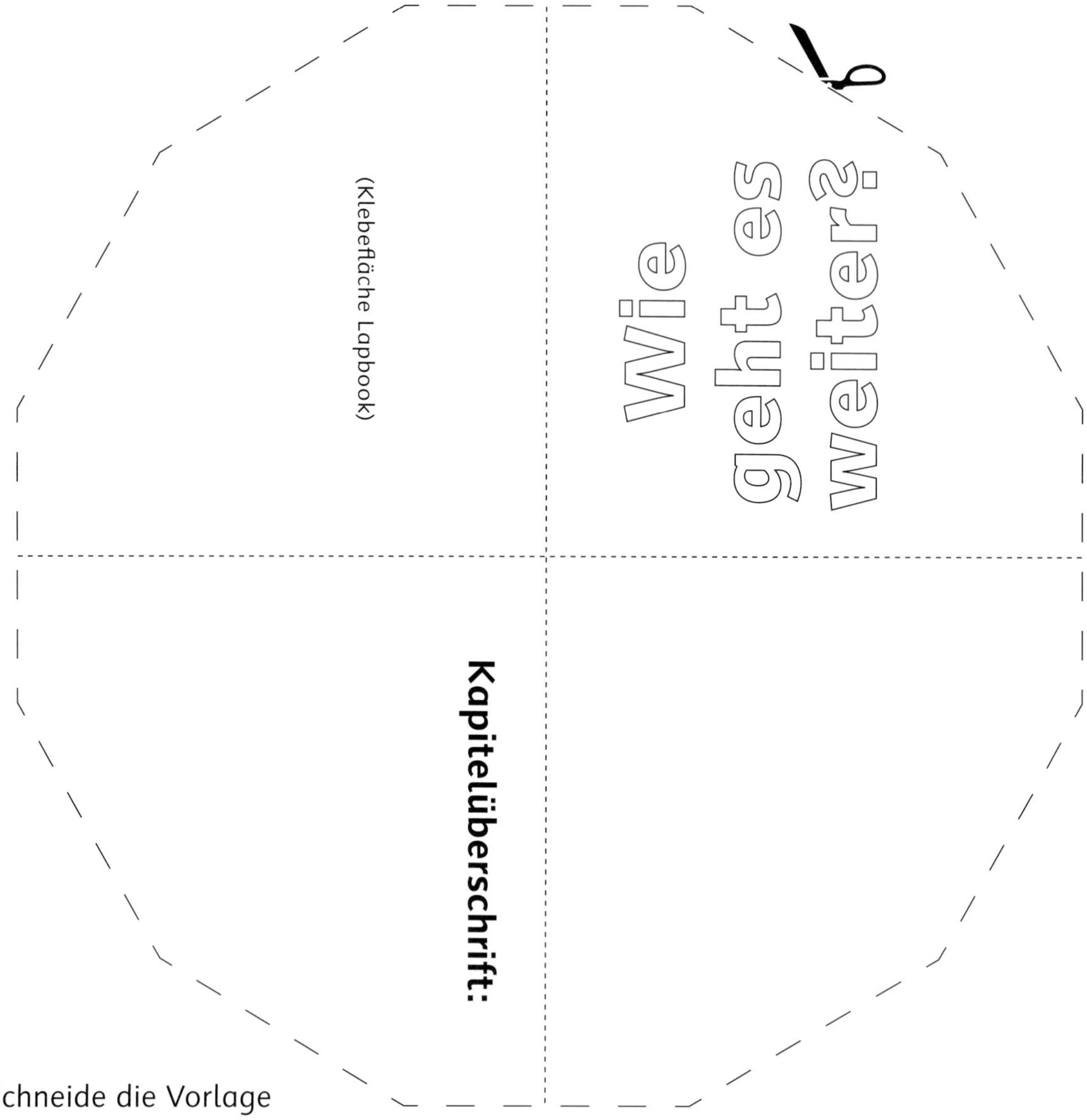

(Klebefläche Lapbook)

Wie geht es weiter?

Kapitelüberschrift:

① Schneide die Vorlage an der Schneidelinie aus.

② Falte die Vorlage zuerst in der Mitte nach hinten.

③ Falte noch einmal in der Mitte. Du siehst nur noch die Titelseite deines Faltbuches.

❹ **Was passiert nach dem Ende der Geschichte? Überlege dir eine Fortsetzung der Geschichte und schreibe sie in das aufgefaltete Minibuch.**

❺ **Denke dir eine passende Kapitelüberschrift aus und schreibe sie auf.**

❻ **Zeichne ein passendes Bild zum Kapitel in die leere Fläche.**

⑦ Klebe das gefaltete Minibuch mit der Klebefläche in dein Lapbook.

Buchkritik

(Klebefläche Lapbook)

Ich fand nicht gut, dass ...

Ich fand gut, dass ...

(Klebefläche Lapbook)

① Schneide die Hände an den Schneidelinien aus.

② Falte die Klebeflächen nach hinten.

❸ **Überlege, was dir an deinem Buch ...**
- **gut gefallen hat,**
- **nicht gut gefallen hat.**

Schreibe es jeweils auf die Rückseite der Hände.

④ Klebe die Hände mit den Klebeflächen in dein Lapbook.

Bücherpost

1. Schneide die Vorlagen aus.
2. Klebe die Postkarte auf farbigen Tonkarton und schneide ihn aus. Falte ihn in der Mitte.
3. Schneide den Briefschlitz am Briefkasten ein.
4. Falte die Klebeflächen am Briefkasten nach hinten. Klebe ihn in dein Lapbook.
5. **Schreibe einem Freund eine Karte über dein Buch.**
   - **Ergänze Anrede, Absender und die Adresse auf der Vorderseite.**
   - **Stelle auf der Rückseite dein Buch vor: Titel, Autor, Verlag, Inhalt.**
   - **Erzähle, was dir gefallen oder nicht gefallen hat.**
   - **Schreibe, ob dein Freund das Buch lesen soll oder nicht.**
6. Stecke die Postkarte in den Schlitz des Briefkastens.

Liebe/r ....,

heute möchte ich dir etwas über mein Buch schreiben, das ich gelesen habe.

Dein ....

....

....

....

Meine Lesestimmung

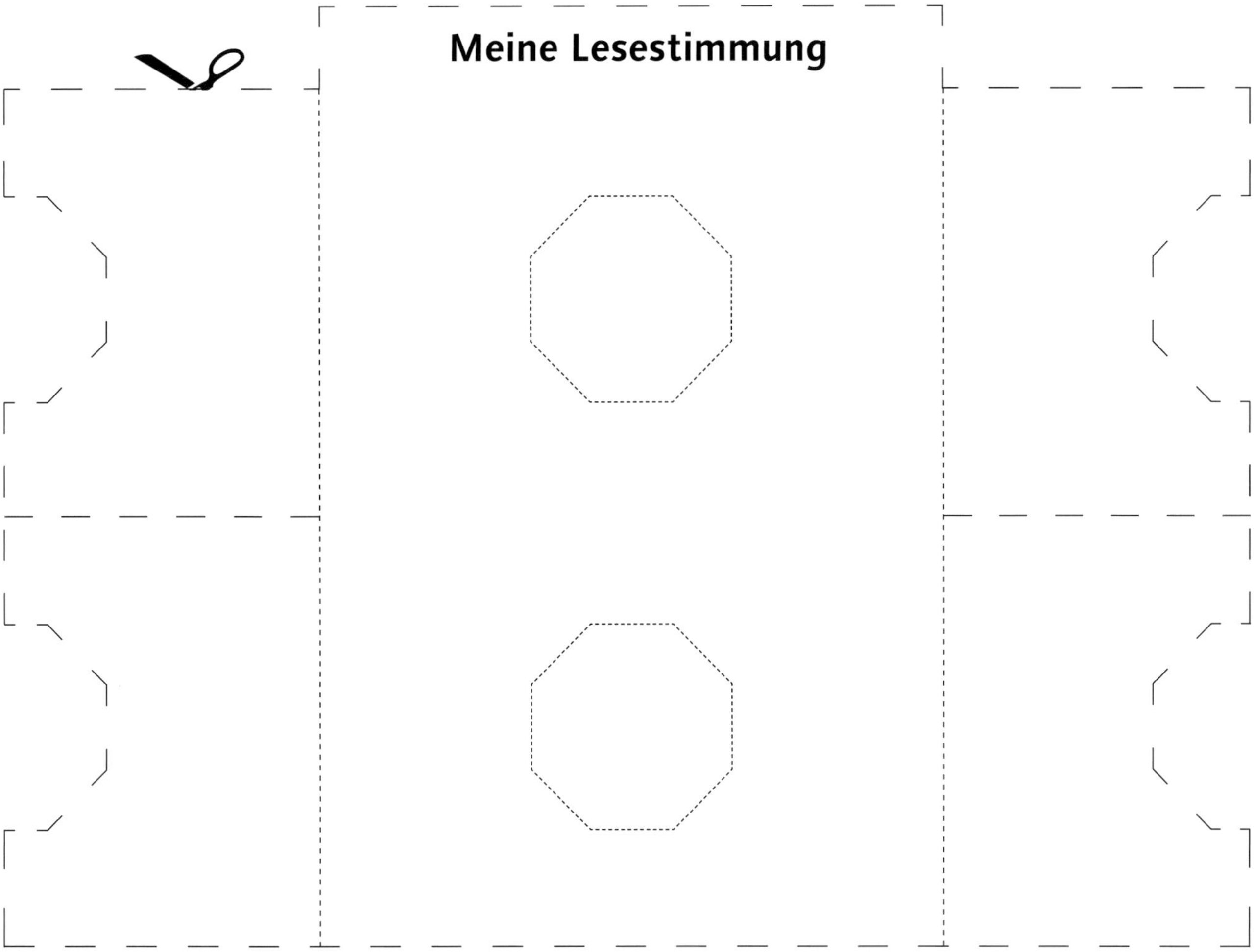

Meine Lesestimmung

1. Schneide die Vorlage aus. Schneide die Schneidelinien ein.
2. Klappe alle vier Klappen zur Mitte.
3. **Überlege, wie du dich beim Lesen des Buches gefühlt hast. Wähle zwei passende Gesichter aus. Schneide sie aus und klebe sie auf die beiden Achtecke.**
4. **Schreibe um die beiden Gesichter herum, warum du dich so gefühlt hast.**
5. Klebe dein Minibuch mit der Rückseite in dein Lapbook.

Schlussgedanken

① Schneide die Vorlagen an den Schneidelinien aus.

❷ **Schreibe zu den Themen auf die Rückseite.**

<u>Mein goldener Satz:</u>
Hast du einen Satz entdeckt, der für dich ganz wichtig ist? Warum ist er für dich wichtig? (Seitenangabe nicht vergessen!)

<u>Dazugelernt!</u>
Was hast du beim Lesen dazugelernt?

<u>Nicht vergessen!</u>
Gibt es etwas aus dem Buch, das du nicht vergessen möchtest?

③ Klebe die Formen an den angegebenen Kanten in dein Lapbook.

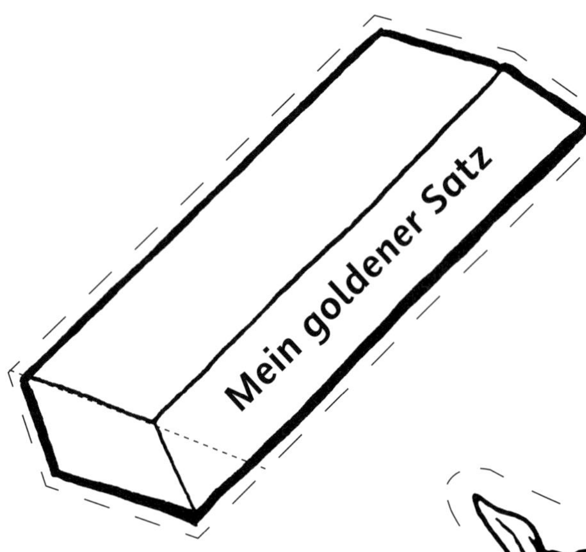

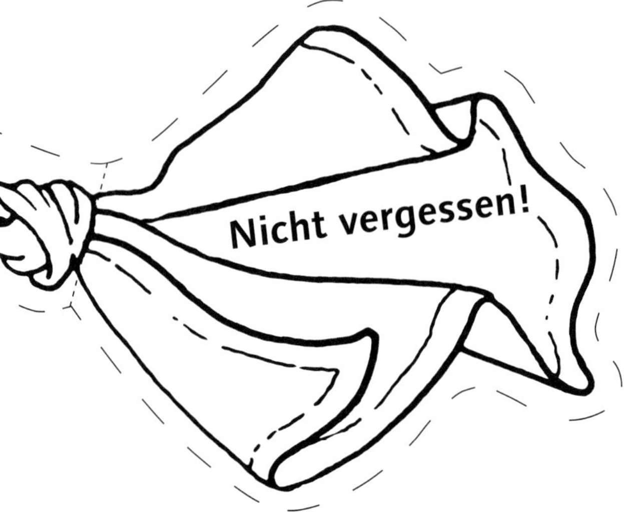

Sachthema recherchieren

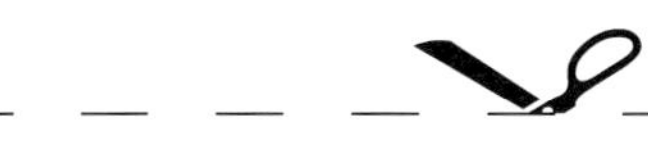

Ein Sachthema ist:

(Klebefläche Lapbook)

Das habe ich darüber herausgefunden:

① Schneide die Vorlage an der Schneidelinie aus.

② Falte alle Klappen zur Mitte. Es darf nur noch die Titelseite zu lesen sein.

❸ **Recherchiere zu einem Sachthema deines Buches. Du kannst andere Bücher, Lexika oder das Internet benutzen.**

❹ **Schreibe deine Ergebnisse in das geöffnete Minibuch.**

❺ **Gestalte das Minibuch mit passenden Fotos oder Zeichnungen.**

⑥ Klebe das Minibuch mit der Klebefläche in dein Lapbook.

Eigene Ideen (1/2)

Mit diesen Minibüchern kannst du eigene Ideen umsetzen. Du kannst sie vor dem Lesen, während des Lesens oder nach dem Lesen gestalten.

① Schneide die Herz- und Sternvorlage an den Schneidelinien aus.

② Falte die Vorlagen an der Faltlinie. Schneide jeweils das Dreieck weg.

③ Klebe die Minibücher mit der Klebefläche in dein Lapbook.

(Klebefläche Lapbook)

Eigene Ideen (2/2)

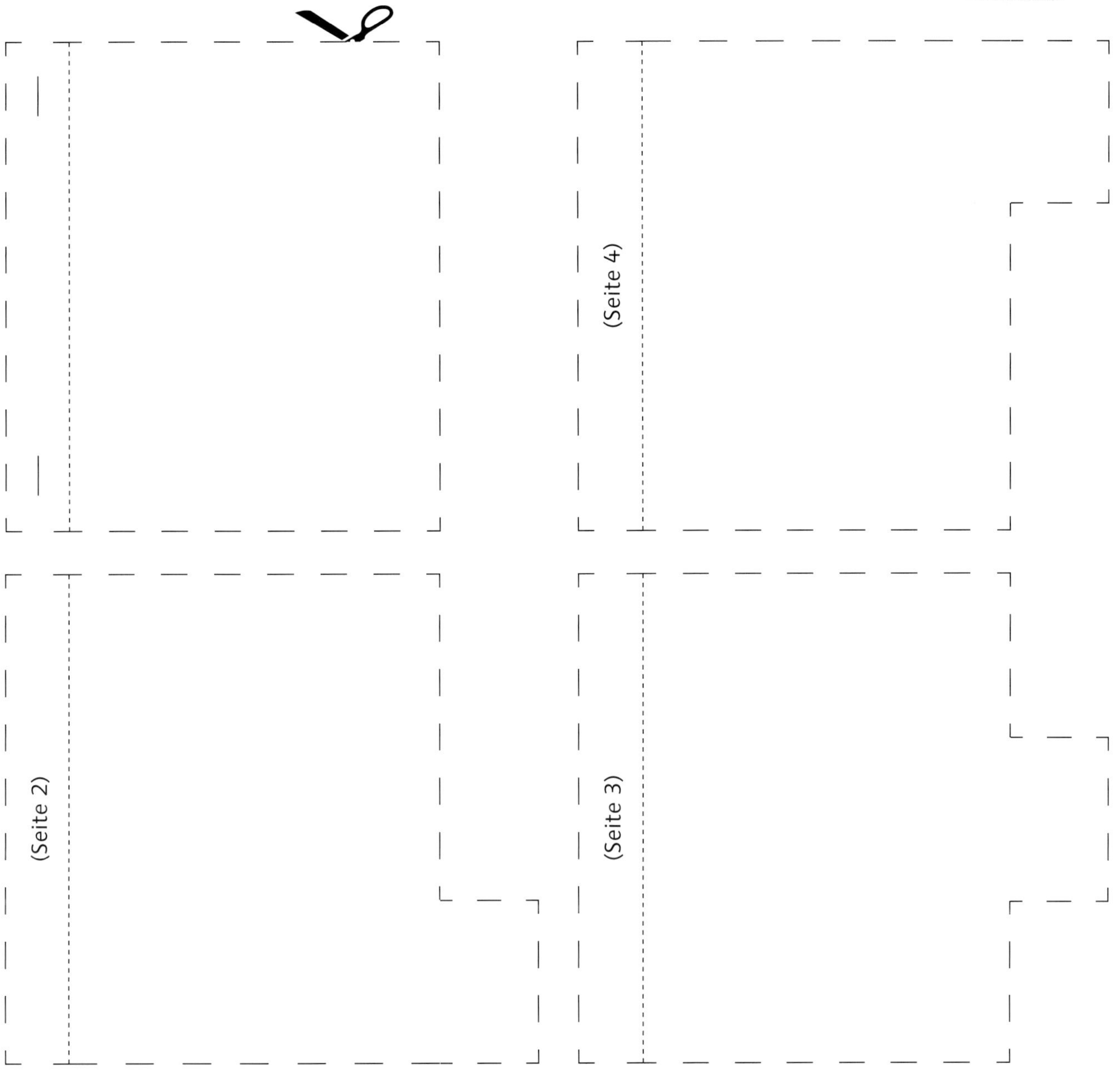

(Seite 4)

(Seite 2)

(Seite 3)

Mit diesem Minibuch kannst du eine eigene Idee umsetzen. Du kannst die Vorlage vor dem Lesen, während des Lesens oder nach dem Lesen gestalten.

1. Schneide alle Vorlagen aus.
2. Lege die Seiten in der richtigen Reihenfolge aufeinander. Beginne mit Seite 4, lege darauf Seite 3 ... Die Titelseite ist oben.
3. Hefte alle Seiten mit einem Heftgerät zusammen.
4. Gestalte eine Titelseite.
5. Finde für jedes Register ein Stichwort, worum es auf der Seite geht. Schreibe es in die kleinen Vierecke.
6. Klebe das Minibuch mit der Rückseite auf dein Lapbook.

Medientipps

Blumhagen, Doreen:
Mein „Das bin ich!“-Lapbook.
Verlag an der Ruhr, 2016.
ISBN 978-3-8346-3117-6

Blumhagen, Doreen:
Mein Grundschulzeit-Lapbook.
Verlag an der Ruhr, 2017.
ISBN 978-3-8346-3580-8

Blumhagen, Doreen:
Mein Weihnachts-Lapbook.
Verlag an der Ruhr, 2016.
ISBN 978-3-8346-3199-2

Lehker, Marianne:
Flüssig lesen lernen mit Speedy.
Brigg Pädagogik, 2010.
ISBN 978-3-87101-588-5

Lurz, Dominique; Scherrer, Barbara:
111 Ideen für selbstständiges Präsentieren.
Verlag an der Ruhr, 2013.
ISBN 978-3-8346-2430-7

Roeder, Caroline:
Pippi Langstrumpf, Ein Leseprojekt.
Cornelsen, 2006.
ISBN 978-3-464-82829-8

Weber, Annette:
Das Gespenst am Kleiderhaken.
3-fach differenzierter Lesebegleiter.
Verlag an der Ruhr, 2014.
ISBN 978-3-8346-2487-1

Weber, Annette:
Das Gespenst am Kleiderhaken, Lesestufe 1.
Verlag an der Ruhr, 2014.
ISBN 978-3-8346-2484-0

Weber, Annette:
Das Gespenst am Kleiderhaken, Lesestufe 2.
Verlag an der Ruhr, 2014.
ISBN 978-3-8346-2485-7

Weber, Annette:
Das Gespenst am Kleiderhaken, Lesestufe 3.
Verlag an der Ruhr, 2014.
ISBN 978-3-8346-2486-4